Inhalt

Wolken

THOMAS KUNST Drei Sonette **3**

MICHAEL SPYRA zeitoden **6**

NANCY HÜNGER Hierseitig **9**

DIANA KOKOT In der Frühe **13**

DANIELA DANZ Nachtlied **16**

CARL-CHRISTIAN ELZE zoohandlung **17**

Efeu

ANDRÉ SCHINKEL Efeu **21**

HELENA HANUS es riecht nach regen **26**

SASCHA KOKOT Richtung Winter **28**

MARIO WIRZ Sieg und Niederlage **31**

THOMAS RACKWITZ auszeit **33**

CHRISTINE HOBA Akamarinde **38**

STEFAN FEIGE Aus der Bahn **43**

Kantholz

CHRISTIAN KREIS Urteilskraft **47**

JULIANE LIEBERT nachtwäsche **51**

JULIANE BLECH archiv **55**

STEPHAN SEIDEL Mein Geschenk **56**

VINCENZ KOKOT einsam eins **59**

MARCO ORGANO Odyssee später **60**

PETER WINZER Erloschene Augen **61**

Dankesrede

WILHELM BARTSCH Müllers Winterreise ohne Schubert – dafür mit Byron

Essay und Kritik	**ALBRECHT FRANKE** Das Recht auf alle Fragen **74**
	HEINZ KRUSCHEL Er ließ gelten, und er galt selber viel. Zum Tod von Otto Fuhlrott **76**
Kunst	**KUJA_KOTI (HANNE KUJATH // STEPHANIE KÖNIG // CHRISTINE PILKENRODT)**
Autoren	**77**

THOMAS KUNST Drei Sonette

IN DEUTSCHLAND GIBT ES KEINE DICHTER MEHR.
Der letzte hat die Weiber mitgenommen.
Ein Kesselhausfasan ist nachgeschwommen
Auf einer Badewannenschnur aus Teer.

Er konnte sogar Puppen niederschlagen,
Im Schaufenster, auf Kellertreppenresten.
Es gab genügend Gleisbetten im Westen,
Granit und Pisse, leere Speisewagen.

Er hat jetzt Wasserweiber in den Knochen.
Sie fahren Lift und tanzen sich zugrunde.
Ich nehme Brasch und Born mit als Vertraute.

Auf Bahnhöfen hat er das Meer gerochen.
Ich lieb nur wenig Dichter: nie gesunde
Und den Geruch nach Schotter, Jod und Flaute.

für Wolfgang Hilbig

THOMAS KUNST

ICH WILL GEDICHTE, DIE ALS GÄSTE TAUGEN,
Gedichte, die auf Festen mächtig trinken
Und schwärmen, saufen ohne abzuwinken,
Kein Idealgewicht in meinen Augen

Und ungebleachte Zähne haben, diese
Gedichte waren sich noch nie zu schade,
Trotz ignorierter Poesie wohl gerade
Die Drecksarbeit zu leisten, ich genieße

In ihnen ihr Immunsystem, im Innern
Den Sinn für Wut, Gerechtigkeit und Liebe.
Es gibt in neuen Texten kaum Gesichter.

Ich will Gedichte, die daran erinnern,
Was wohl von solcher Dichtung übrigbliebe:
Verlinkte Netzwerkgruppen ohne Dichter.

ICH WILL GEDICHTE, DIE BESESSEN SIND
Von der Idee, Gedichte zu beschämen
Von Dichtern, die für sich in Anspruch nehmen,
Die Sprache zu benutzen wie kein Kind:

Die Wörter nicht nur an der Oberfläche
Dafür bezahlen lassen, was die Tiefe
Im Text schon lange nicht mehr hergibt, schiefe
Beliebigkeit und Hirnmoderne, schwäche

Ich mich nicht gerade selbst, indem ich sage
Wo bleiben Wahnsinn und Verrücktheit, geile
Gesänge aus den Überlebensbüchern,

Ich will Gedichte, die ich bei mir trage,
Nicht kalkulierte Satzmodelle, Zeile
Für Zeile doch schon längst in trockenen Tüchern.

MICHAEL SPYRA   zeitoden

sneakers

wie geht es dir? wir sehn uns ja gar nicht mehr.
das letzte mal? das ist schon ein weilchen her.
du hast dich gut gehalten. sag mal:
ist doch noch alles beim alten, oder?

wie läuft es in der liebe? was macht die kunst?
ich seh schon: nichts zu klagen bei dir und sonst
was hast du in der zeit getrieben,
außer die kugel mal ruhiger schieben?

verstehe schon: im grünen bereich der rest
passiert nicht viel, wenns keiner passieren lässt
naja ist halt nicht nur zum lachen
wie dem auch sei ich muß weitermachen

du kamst doch auch von irgendwo her, wer weiß;
jetzt hier, dann wieder irgendwo hin, vielleicht
man sieht sich. bis die tage. weißt du:
unsre geschichte ist reich an bildern.

der muschelsammler

mit gesenktem blick und bedachten schritten
watet zwischen funkelndem sand und wasser
durch die nekropolen zerhackter muscheln
suchend bobrowski

drüber rollen sonne und tagmond westwärts
drunter bricht die trocknende kruste leise
säuselt aus den weiden der luftgeist wieder
trunken und müde

in den wind gebogen noch ohne stimme
röhrt dem brummen wilder motoren ähnlich
in sein spitzes rötliches muschelhorn nun
echot das rauschen

MICHAEL SPYRA

die zeitode

die tage ziehen widerstandslos dahin.
man muss das leben nehmen wies kommt; erklingt
vom band und die kassiererin, mahnt
keine gefangenen machen, meiner!

ich zahle aus den uhren gesiebten sand
und gehe, mit erfahrung aus zweiter hand,
nach haus, am rand der galaxie, zu
meinem gepachteten fleck geschichte

im hirn des universums gerinnt die zeit,
die nicht im kreis der anastomose treibt;
verzweigt in zehn hoch zwölf neuronen.
zwischen dendrit und axon nur soma:

Fische schlafen nie
Ranis

Dünne Perlmuttfäden ziehen auf dem Fußweg mäandernd in alle Richtungen des Himmels, und ich denke: *Kreuz des Südens* und deute schon die silbrige Spur. An manchen Stellen liegen dicke Schnecken im Herz eines zirkulierenden Nebels brach, sind entkörpert und nur noch verkrümmtes Teil, also Ding.

 Dort färben sich die Nebel gelb, auch ocker und braun, entschimmern und dunkeln, werden trostlos schwarz. Und ich denke: *Milchstraße* und gebe das Bild schon auf. Alles bedeutet mir etwas, wird richtungsweisend. Ich versuche es noch einmal und verständige mich mit dem Auge auf einen Blick über den Fußweg hinaus und noch weiter über den Elektrozaun – während es schon kribbelt in den Händen – hin zu der gesicherten Ansammlung aus Wohnwagen, verfaultem Holz und Pferd. Ein Entlüftungsfächer rotiert auf einem der Wagen, ist bewegter als das Tier, und ich denke: *Paris – Texas*, nur das Gras irritiert mich, vielmehr das Grün. Und schon werden mir die Dinge wieder durchlässig. Ich halte sie nicht, *denke immer noch nicht mit dem Knie*. Es erscheint mir als Geistesanstrengung oder Seelenarbeit, sich an einem Ort zu begreifen oder richtiger, den Ort ohne sich zu begreifen. Es sind ja nur konstatierte Eigenschaften, sage ich, eine Aufzählung, keine Existenzzeichen.

 Noch einmal … laufe ich mich aus an einen Teich oder Tümpel, um anzukommen, zu stranden zwischen zwei alten Männern, und ich heiße nun junges Fräulein und Mädchen und sammele Perlenzeug aus ihren Mündern. Gestern habe die hohle, dürre Buche gebrannt. Dort hausten die schwarzen Wespen. Es waren Kinder, und ein Pferd ging durch. Die Reiher kämen nicht mehr. Auch die Frösche sind abgesaugt, also aus dem Teich, der schwarz gewesen sei, und ich lausche und sage nichts und denke: *Fische schlafen nie*.

NANCY HÜNGER

Hierseitig

Sie kleben an den nebelhaften Innenseiten der Scheiben, hoch über meinem Kopf, ein zuckendes Geschwür oder Gewächs, daraus Flügel wachsen und winzige Köpfe: Myriaden. Was sich da ausbildet im Kunstlicht, sind ausgedorrte Aquarien, stakend auf hohen, mageren Säulen, die leuchten ins Dunkel und werfen Spinnen, Fliegen auch Larven auf die Allee, flüchtig über Gesichter und alle helle Haut, dass man abschütteln will die Schatten und achtundachtzig Beine.

Ich träume mir Fische in die Laternen und suche – der Bahnhof eine Kerbe im Rücken – in der unteren Stadt nach den erzählenden Orten, auch magischen Plätzen: verwunschene Landschaft. Jemand flüstert mir beiläufig von der poetischen Existenz, doch ich verstehe nicht, ich weiß nur, hier komme ich niemals und nirgends an, nicht in meinem unsinnigen Zimmer, nicht in dieser unsinnigen Stadt. Überall gerinnt die Insel, immer nur einen Sprung über den Bürgersteig entfernt, in Anekdoten, die unentwegt raunen von jenen ganz verlorenen Tagen.

Zwischen manchen Häusern nur lässt es sich unbemerkt atmen, und ich halte mich an der Erde fest und hole Luft ... Goetheplatz, Herderplatz, Geleitstraße, Heinestraße, Theaterplatz, Steubenstraße, Schubert Ecke Hegelstraße, und ich atme aus ... am Posekschen Garten, der mir immer zu viel versprach, es sind nur wenige Bäume und eine Haltestelle, die den Namen einbehält, kein Garten aber fast real, hier löst sich zart die gewichtete Luft von den Resten der Stadt. Gegenüber, nicht weit, die bunten Spitzen der russischen Kapelle, mein Kindheits-Moskau unter Linden, folgt man an sonnigen Tagen den Schatten der Zwiebeln, gelangt man wer weiß wohin. Hierseitig, da ich nicht in falsche Straßenbahnen steigen kann, *das Herz voller Kupferknöpfe*, um einfach zu weinen, bin ich geboren, an keinem Ufer eines geweihten Flusses, hierseitig kann ich wenig erinnern, und perle wie Regen vom Fell der Tiere, hierseitig von dieser Stadt ... die kein Wort übrig hat für den heutigen Tag und auch das hat seine Bedeutung.

DIANA KOKOT   In der Frühe

Mahlzeit, Henker!

Er kocht für mich,
streut fremde Kräuter
auf meinen Teller.
Seltsam sanft
wird mir
schläfrig die Zunge,
der Gaumen.
Mein Herz trabt
in die Dämmerung,
während er
mit einem Lächeln
alle Spuren verwischt.

Ariadne

Jede Nacht
träum ich von dir
halte in der Hand deinen Faden.
Er schneidet in mein Fleisch.
Jeden Tag
gehe mit anderen
gebe ihnen deinen Namen
und suche das Labyrinth.

DIANA KOKOT

Ohne Schuld

Nichts
habe ich getan.
Ich war fern
musste nicht zusehen
brauchte nicht einzugreifen.
Sogar mein Mitleid
verspätete sich.
Als ich heimkehrte
da war das Blut
schon versickert.
Meine Abwesenheit
hatte mich klug gewählt.

In der Frühe
erwachen
wie in der Krone einer Kastanie
umgeben von nebelhäutigen Dächern
auf denen die Vögel Rast machen
bevor sie sich hinabstürzen.
Ein dunkles Tuch
das in Fetzen zerfällt.
Mein Blick kehrt zurück
ins Zimmer, ins Bett,
kriecht wieder hinter meine Lider,
die ich geschlossen halte.
Will nicht fortgehen
aus diesem Morgen,
an dem wir noch nicht du und ich sind
aber auch nicht mehr wir.

Das LAND

eine gastliche Wirtschaft,
bewirtet seine LANDwirte
mit Wasser und Brombeerwein.
Honig fließt aus Akazien
auf würziges LANDbrot.
Die LANDverwalter
walten ihres Amtes
auch ohne Schimmel.
Hier reitet keiner über Deiche,
unberührt das Gras
und von einem Grün
wie sonst nur auf Postkarten.
Die fährt der LANDbriefträger
mit dem Moped aus.
Das Knattern dringt LAND-
wärts,
dort wartet der Mittag schläfrig
ausgestreckt
auf eine LANDplage.

Der Rest

schmeckt bitter.
Schierling wächst
auf deinen Lippen.
Ob du mich küsst
oder nicht
ich sterbe sowieso
an dir.

DANIELA DANZ   **Nachtlied**

Ich möchte draußen bei den Wölfen sein
und mit ihnen jagen
ich möcht im Wald ein Wildtier sein
und Nachtangst in mir tragen

Im Rauhwind will im Wald ich sein
im Wald und hoch auf Hängen
als großer Vogel will ich schrein
als Reh mich an die Stämme drängen

Ein Wolkenfetzen möcht ich sein
zerrissen zwischen hier und ferne
weit oben wo sich kein und mein
berühren wär ich gerne

es ist

es ist vielleicht so: ein dritter kreisel, eine dritte kraft
still zwischen allen körperhügeln, lungenflügeln
ein dritter katarakt, das blut verwirbelter, das blut
strömt schneller hier, fällt tiefer dann, wird manches gut

die stillsten seen entstehen weitab und manches
tier sieht anders aus, als in der zeitung steht, und auch
die ufer sind mal grün, mal steil, du findest sanftes
unterm beil, du findest rotes-totes, wenn du tauchst.

es ist ja nicht gesagt, dass es so ist, es ist ja nur
gesagt. es ist ja zweifellos gesagt, es ist gewagt
endlich! es ist gesagt, gewagt und endlich endlich!

jetzt aber ordnung! wer sagt denn das, wer nervt?
jetzt aber stillgestanden! wer sagt denn das, verschärft?
ist es das blut, na gut? bin ich es, ich es, endlich?

CARL-CHRISTIAN ELZE

variationen

nur noch variationen! ich würde schweigen
wäre das alles nicht wie essen und trinken
geworden, variationen, portionen, geigen
die man zu sich nimmt, um nicht zu sinken.
zum beispiel jetzt, kommt großer hunger
ich rede nicht von appetit, ein kleines lied
das wäre appetit, ich meine großen hunger
auf 14 soßen, reim, es zieht   jetzt an:

ich nehm das brot und schmier mein rot
dick drauf, stößt mir nicht übel auf, mein blut
jetzt wird belegt, die augen blind, man nimmt
von tief nicht einfach zimt und dann ist gut.
kein tier hilft hier, kein blütenstoß, kein kind.
zuletzt einen strick ganz obenauf, tut not?

zoohandlung

chinchillatraum, die rosenschnauzen zittern, späne-
flocken heben an, ganz leicht und sinken, dann
nachts blühen die augäpfel auf, nagt ein glück.
das blindenbüschel rattenwurf so frisch, so blut-
durchschossen, an die milchleiste genagelt: stirn
treibt die weiße schleppe in die venen, so voller
fettem durst. in kokosnusshütten wiegt sich die maus.
in duftnestern heu, warmluftverliesen, fläzen kaninchen.

entzündung, prozesse, nur manchmal am hamster
jäher lufteinbruch, ein auge trieft, das weibchen tot, voll kot
im pelz, im eck, die kinder hat die hand geholt.
kurzer dunkelblick – doch dann geglückte welle
futterströme, alte stelle, gewölbebacken, taschendick.
in allen hütten wiegt es sich, ichverschont, entrückte felle.

CARL-CHRISTIAN ELZE

fötotomische ballade

das fault sich schnell im mutterleib & aast dahin, das kalb
verdreht, blockiert. des muttertiers ziegelrote augenschlitze.
ein guter mann pflanzt seine faust ins fleisch, setzt kalt

die säge an & sägt dem milchvieh durch die aufgeschäumte ritze
die leibfrucht klein: ein vorderbein & noch ein bein & noch –
dem guten mann steckt in der hirnhaut eine mörderhitze –

ein letztes bein! in scheiben heckt der rumpf durchs loch!
die färse presst die fehlgeburt, als wär sie nicht in stücken!
der gute mann am kettenglied, zieht – jede schläfe pocht

– den kopf wie einen stöpsel raus: aufgetürmter rücken
die wirbel: messerstecherei, das fleckvieh stöhnt entschimmelt.
in der wanne liegt nun alles, stirn an steiß, die fliegen zücken

das geschlecht: gebrumme. auf den puzzleteilen: gewimmel.
ein lichtstrahl fällt ins zink & wirft sich dort aufs rot & schwarz.
die mutter glotzt, im fleisch verschnürt, in eine pfütze himmel.

der gute mann befiehlt: »das aus dem blick geschafft!«

ANDRÉ SCHINKEL Efeu

Wieviele Nächte noch, vergeblich, heißt es, gegen dein Grab. Wieviele Bündel an Trauer, die ich schleppe für dich. In den seltenen Tagen des Sommers immer und erfrorener Märze bist du am tiefsten in mir, meinen verletzten Geflechten, tief unter den hohlen Gebärden des Zorns. Welche Sanftmut in den Nächten verloren: Kissen und Decken, angefüllt mit der Scham vor den Lachern, den Belustigten vor mir; der Angst, daß dein Atem längst steht. Welk über dem Traum deiner Urne, der blauen, im Nebel, reift Efeu und überwuchert, so heißt es, dein erdenes, irdenes Bild. O, welch Nacht nach dieser, wo sich der Leib nach den Gestirnen verrenkt! Und nachts auch wirst du versenkt und trohnst in meinem Körper unsagbar schwarz. Und mild schon vor Strenge, wie aus schillernden Angst-Pirolen gemacht, Angst, immer Angst, Angst vor der Nacht, die du bist, wie von blutigen Schnäbeln zerhackt. Von dir nicht, aber beinahe im Rausch, von den rauschenden Beeten – dein Grab! – in denen die Wut wächst. Von den Äthern beherbergt: verblichener Schimmer, sterbendes Atmen, wo mir der Traum singt, mit den schrecklichen Bildern deines ruhenden Leibs. Schweigendes Herz: ein waberndes Frührot, ruhend, in einem tanzlosen Jahrhundert, in Panik versteckt, in den Kammern, in den traurigen Schränken aus Herbst, vor dem brüllenden Herd, fahrig, aus Angst vor Entdeckung. Nun reift Efeu auf dir, auf dem Gold deiner Maske, das wie das Katzengold der Verdammnis sein muß, heißt es, das zerbröckelnde Gold eines einsamen Tods. Über uns: das Faltboot des Scheiterns, die drängenden Netze des abseihenden Volks. Aus dem Dunkel zu rufen kein Wunsch, nur mit den Scherben zu klappern, endlos, ein Fatum; der endlose Singsang der Aug'-Kastagnetten ist schon genug … uns zu verwehen, von den Zauberorten hinfort, Zauderorten hinfort, schweigenden Atems, so heißt es; denen zu folgen für den Gesang; auf den Schollen nur Fäulnis, dein Abbild, Fäulnis und Blattgold, daß ich mich maßlos erschrecke: du, Geliebte, gehst ihnen nach, du, auf Sohlen aus raschelndem Laub, den Schritten der Vergangenen nach. Aber noch bist du in mir, inwendig tief, in meinen verzweigten Organen; und ich, ein Getriebener auch, mit einer Leichtheit vor dir, wenn die Geräusche verstummt sind, die uns ängstigen dürfen, und der wirkliche Angstlärm losgeht: wenn du ohne Atem schon liegst. Es

ANDRÉ SCHINKEL

gehen aber die Gänge nicht so aus für unsere Leben! Es gehen die Sorgen in Säumen, unser Gelächter bedeckend, wenn uns der Wahnsinn schon trifft, längst schon getroffen hat, Liebe; unser Wackern in den Tunneln, den Toreinfahrten deiner Versenktheit; unsere verlorenen Worte, die ich allein nun begehe, welche Wege, wieviele Nächte, heißt es, und: ein Fleisch für die Träume, so heißt es. – Geronnener Staub, wie Masken, Gespinst; Erde, Menhire aus Trauer, Obelisken. Wir, einst, lauschten den Zügen der Erdwesen des Nachts, dem unterirdischen Treiben, wo der Leviathan schreit, durch die zerfallenden Stores deiner Haut; Schmiedefeuer aus Angst; die sanften Betten, die müde vibrierten, Entschwund'ne; und, ein Wunder, das Rauschen bekam uns, die Sprüche auf den Epitaphen wisperten auf, das Grollen aus der Tiefe verzog sich für einen lichten Moment, und die Schwärze brach ein, die du bist, kam, wie mit Widerhaken, im verfaulenden Leibfleisch, zurück. Dem folgte Ruhe und Furcht ... du kamst nicht sofort, das Hadesvolk rülpste: O des Vergessens der geliebten Dinge, sprach ich, auf den Lichtungen, in den Dickichten des Abschieds ... und dein letzter Anblick, so heißt es, erschien mir: das senkrechte Wachsen, als du ohne Atem schon lagst, oder ich befürchtete nur, daß du schon lagst; von Schmerz zerrissener Leib, der nichts mehr behält; verblichenes Strampeln gegen die Leere, oder ich befürchtete jenes nur auch, heißt es in den wabernden Akten gelehrsamen Staubs – und du gingst, in mich gehenkelt, so schien mir, an mir aufgerichtet, hustende Alfen, keuchende Teufel im Blick; bevor sie dich zerlegen könnten, sagtest du mir, oder dachte ich nur, daß du sprachst; und du wuchst, du erwachtest ins Herz einer Stele, standest in mir, der ich dich stützte und hielt; da du mich lehrtest, in den Nächten, weit hinter den Orten des Lichts; Leib, der nichts mehr behält, unverrückbar die Zeichen, die deine Verlassenheit sind. O, und kein Abschied wie dieser, so sprach ich, und fiel aus dem Schlaf, erwuchs in die Unrast, wuchs im Ablicht der Schwärze ... kein Schmerz auf der Lichterallee, wenn wir, aufeinander gestützt, gehn, im Schatten, der du nun bist, und: ohne Atem; und: kein aufatmendes Gutsein, oder: ich dachte es nur. – Nur in den Träumen noch gehn wir: du, in mich gehakt, deine Hände wie Wachs, deine Maske aus Gold similaunisch belegt, eine Stele aus Ferne und

Fleisch, jener Obelisk, die Verdammnis, einsam zu sterben, so heißt es, unter dem ich jetzt stehe … und die Träume zu kurz noch: du zeigst mir die Gänge nicht mehr … und ich gehe in die Irre seitdem, traumlos, oder ich denke es nur; du lächelst, schwindest, verschwimmst, kehrst in mir ein … immer enger schieben die Bäume mich zu, verengt sich das Bild mit den Strahlen des Blicks, du lächelst und rufst aus den Betten aus Herbst, und treiben die Vögel mich fort, aus mir selbst, wo du wohnst und – lächelst; das Herz saugt röhrend Erde in sich, pumpt rasselnde Schwärze, verstummt; du grifflachst, so heißt es, gehst durch die Schleier zerschnittener Haut, Geliebte, entfernst dich von mir … läßt Steinriesen kommen … Steine decken mich zu, durchpoltern Geweide, tragen mich fort und setzen mich ab, formen ein knirschendes Kreuz, Ruhe kehrt ein, du schweigst, das Hadesvolk atmet, Efeu reift mir von dir zu, steinerner Efeu, und dringt in mich ein, du gehst hinter den Hüllen, nur Ruhe noch, sagst du und lächelst, sagst: die Stille unserer Liebe, sagt: Schweigt, Teufel!, hustet nicht, Alben!; der Leviathan keucht; du sagst: Schweige, Liebster, schweig still. – Einmal, mir träumte dein Bild, lächelnd sanktst du mir zu, meinen erschöpften Leib in den Armen. Der Wind lag in den Bäumen und schwieg; in schwarzen Höfen fand sich das Vieh, Charons verdurstende Rinder, blökende, rasselnde Kapellen aus Tierschweiß und Fell. Esel in Kleidern sah ich, mit zerschnittenen, zerstochenen Rümpfen, mit Hufen wie silberne Broschen zerspleißend dein schmerzgesättigtes Grab. Ich fürchtete, daß der Atem schon stand, in deiner Stele gefangen, den schrecklichen Bildern deines ruhenden Leibs. Efeu reifte auf dir, die Heerscharen kamen und riefen dir nach, in ihren Gesängen schwiegen sie aber. Du lächeltest, lagst und gingst hinter den Schleiern der Haut, Angst-Pirole im Haar; das Rauschen bekam dir; sie waren gekommen, zu hören, in ihren Schädeln unser Gelächter zu hören, das langsam verklang, seitdem du in mich gestützt gingst; wieviele Nächte vergeblich, gegen dein Grab. Und bald wieder Herbst, erfrorene Märze … Topographie eines verregneten Sommers, sagten die, die gekommen waren, um dich zu hören, wenn wir eine Feier berieten, für den wiederkehrenden Tag. Geräusch lief und versackte in uns, du gingst hinter den Hüllen, eine herbstliche Stele – Menhire

ANDRÉ SCHINKEL

nannten sie dich, oder Herrin der Scheibe, Stonehengin, Schamanin von Goseck. Unter den rauschenden Beeten die Bündel … das Hadesvolk schwieg. Nachts brannten die Fackeln, zischend vor Glut, brennend an den Feuern der Scharen, ein sich schwärzender Regen von Funken, in den verquirlten Schnüren des Teers … und: Stonehengin, Goseckin, Scheibin nannten sie dich: lichterloh brennend, knackend und warm. In ihren Leibern versteckten wir uns, polternde Reben aus Efeu; ich fürchtete, daß dein Atem schon stand … sah deinen Tod. Ein Funkenregen dein Tod, kein Schritt mehr hinter den Schleiern der Haut. Unsere Leiber, so heißt es, wie Kathedralen so groß, im Ablicht der Scharen, in den Windungen unsrer Kadaver, über den Hüllen des Absuds der Trauer – du standest in mir, ohne Atem, und fülltest mich aus; sahst mich bleiernen Blicks, lächeltest, schwiegst. O, wieviele Nächte der Unrast, schrie ich, dein schwindendes Fleisch zu bewahren!, vergeblich, sich bequem zu legen, in die Enge der Urne, der blauen, im Nebel, gepreßt. Und nachts auch wirst du versenkt; Fäulnis und Blattgold, raschelndes Laub; und wohnst in meinen Geweiden; aber kein Trost – jene Nächte, in denen du verweint in mir saßt, und die Scharen riefen nach dir, lallend, verstimmter, enttäuschter als ich, mit den Händen am kratzenden, löschenden Stift, schweigend nun doch, über der papierverschlingenden Feder. – Jetzt geh' ich allein, über die Friedhöfe der Worte, und zähle dich auf. Troja ist Asche, so heißt es. Sie haben Ninive zerschlagen und mich. Und immer noch geh' ich allein, nach Syrien, hast du gesagt, Palmyra, die gelobten Strände des Nichts, hinter die Bücher. Schweigen, verregnete Märze, Papyri und Mumiengesang, das Wispern der Heerschar verstummt, das Hadesvolk starr, die Ruhe über dem Land: vertrocknender Efeu. Du verstehst das, hast du gesagt, Lächeln in Stein, schreckliches Bild eines ruhenden Leibs, ein letztes grifflachendes Mal. Das Hadesvolk steif, geräuschvollen Atems, in den Gärten rauschen die Beete, mit den Kolonnen Getriebner, den Bündeln der Trauer um dich, schweigend bestückt. Und ich: auf dem Abweg, in Angst, wenn dein Atem nun steht … ehe wir aufgelöst sind, unsere Auren von den Strömen zerrissen zu Nichts, noch will ich dich finden, unsere sinkenden Körper, dein Grab aus Lächeln und Schmerz, jene unglaublichen Ausmaße für uns, in der anderen Welt, wo der Leviathan keucht, Teufel und Alben, hast du gesagt, Efeu, dein schweigendes Herz. Am Abend, wenn der Morgen, das Jahr verwachsen sind lange, finde ich dich, ruhenden Atems, gestorben: Gesang der Menhire, steinerne Zartheit, maskiertes, obeliskisches Gold, Lächeln und Schweigen, Blut und gefrorener Wein. Nun, Goseckin, sag' ich, ans Ende der Schritte gelangt, in staubige Hymnen verloren, Scheibin, nun ruht uns das schreiende Herz, vergessen und steinern; vergessen der Schmerz, der uns trug; die Heerscharen verjagt von den Gräbern, aus den Blättern die Stelen der Leiber gerollt ... du, gestorben und lächelnd in mir ... und ich, vor dem ruhenden Schlund deiner Hölle. Singend, in die Gewitter aus Schwärze und Licht steigt der Ortolan unsrer Seelen, über den Schleiern der durchlöcherten Haut; singend, lebendig und warm: ein Leuchten in den rauschenden Äthern, so heißt es. Oder ich denke es nur.

HELENA HANUS   es riecht nach regen

I

der silberne hund knurrte
mit spitzen zähnen
und bettete seine pfoten
auf unsere knie
streichelnd und schwer
die schwüle der nacht
betäubte unsere gebrochenen augen
wir sahen uns nicht

wir waren das glas der gläser
die scheppernd auf
dem boden zerschellten
als ein wind aufkam
der dunkelheit vor sich hertrieb
und ahnungsvolles donnergrollen

wir sammelten uns auf
schmolzen uns ein
im nachtglühenden ofen
unserer leiber
und waren dann glasfiguren
meisterlich geformt

ich die schlange
und du der adler

II

du zähltest die stunden
die dir noch blieben als Ich,
ehe du dich aus deinem geist
schneiden musstest
für mich

wir kamen uns näher
und waren doch nicht
in eins gelegt
in dunkler nacht fanden
wir uns
und ließen unsere spuren
zueinander
von den sternen verwehen

es war der unfleischliche
mond der uns trennte
als wir gingen
jeder für sich
belichteten laternen den weg
nicht wir
uns

SASCHA KOKOT   Richtung Winter

Auf gepflasterten Parkett
blicken die Schlagzeilen
mit ihren sieben
Matroschkaaugen
in die Ecken
wo Marmor wächst
unter dem Flimmern
der Bahn
wird über alles   Altbau
zimtrot gestrichen
um dem polnischen Schneider   Der Südmorgen bleckt
zu gefallen.   zwischen den Schlotmauern
                          einen Halbkreis
                          im Hof
                          ein Tier
                          silbern flink
                          zwischen all
                          den blinden
                          Namensschildern
                          flackert
                          das knarrende
                          Treppenholz
                          poliert
                          stehen
                          noch immer
                          die Schritte
                          dort.

So wach ich,
wie eine Spinne,
über einen Ort,
den es nicht gibt,
fass alle Fäden,
ob zappelt
die Frucht,
die ich pflücken
gar speisen will,
wenn sie mir passt
ins Maul,
das reiß ich auf
bis es knackt,
mir über die Sohlen
passt,
so schluck ich
Stück für Stück
mich hinab.

SASCHA KOKOT

Im Zug quer durch die Republik,
immer Richtung Winter,
der sein Bett
auf den Dächern ausbreitet,
alle Fenster
mit schneeschwangeren Wolken
zudeckt,
nur in meinem Briefkasten
warten staubige Sommerfinger
auf mich.

Haiku

I
Spinne geh weben
im Fenster kreuzt dein Braten
meinen Ekelblick

II
Seit Stunden Flocken
nur die Schwarzen auf dem Sims
wetzen die Schnäbel

III
Schwarz jede Welle
sieben Zoll lang Frost am Steg
auf und ab der Bug

MARIO WIRZ   Sieg und Niederlage

Liebesbrief *Für André*

Betört
von einer Wolke
tunkt
der Pelikan
seine Feder
in den Tintenfisch
und schreibt
auf das Blatt
der Windrose
Ich liebe dich

Abendrot

Die Sehnsucht
der Füchse
Abendrot
über
den Städten

Trost *Für Thomas Schweikert*

Unser Stern
dem wir folgen
hellwach
in allen Träumen
scheint sich
Jahrzehnte später
an uns
zu erinnern

Wenn wir glauben
dass wir erloschen
sind
vor der Zeit
leuchtet er
auf
unser Stern

MARIO WIRZ

Revanche

Teile ich
jetzt und hier
meinen Apfel
mit dem Wurm
hat er mich
eines Tages
vielleicht
zum Fressen
gern

Spielregeln

Spiegelfechterei
Tag für Tag
Ich
gegen
Ich
von Anfang
bis Ende
scheint alles
ein Spiel
Sieg und Niederlage
keine Pause
erlauben die Regeln
den Gewinnern
den Verlierern
geht jäh
die Luft aus
beim
Schattenboxen

THOMAS RACKWITZ   auszeit

auszeit

jemand hatte das sonnenlicht
an das tor genagelt
es war august der vater
keinen monat tot

am kleinen teiche fanden
die kinder ihr kurzweiliges glück
und ließen die papiernen schiffchen
die sie umkrallten
nur los um sie versinken zu sehn

gegenüber den hölzernen hütten
im revier der feuerkäfer
wo unsere scheinbar angepflockten schatten
einmal mehr an bedeutung verloren
zog der barhäuptige kutscher
an seiner zigarre
ging der nachmittag
hart ins gericht mit den wolken
und schor sie bis nichts
als die idylle übrig blieb

und der august

THOMAS RACKWITZ

[ostwärts, stillstand]   *für Diana Kokot*

1

bei unserer ankunft
fiel dir der wind um
den hals
hielten die lichtkranken vögel
auf den einstmals enteigneten äckern

wir fragten uns ob die schatten
uns einfach ersetzen würden
im rücken der heimat
nahmen wir unbewaffneten
den regen als gegeben an
die wege aber stellten sich quer die wege
auf den karten endeten
erst auf unseren händen

2

vor dem angrenzenden tor
kehrte jemand
die verjährten winter zusammen
und stampfte dabei mit dem holzbein

je länger wir blieben desto zerbrechlicher
erschien uns der hund nebenan
schließlich erstickte er
an einer überdosis
gebell

als es dunkel wurde
sahen auch wir nur noch bedingt
lebendig aus

avernus

die wellen der ferne sind leichter
im traum der in den rippenbögen reift
der eiben sprießen lässt aus mündern
die das licht zu brechen sucht

sich das aufflackernde haupt
den schatten des schattens
wen zerbröselt der lautlose faun
am eingang zur ohnmacht

wer nichts davon weiß
teilt das haar mit den spinnen
und treibt so durch spiegel und spiegel
an den steilwandigen klippen entlang

        teufelsmauer

        nichts sprach uns hier glaubwürdig an
        keine kamera fing das dreifache krähen ein der katzen
        versteck im unterholz trat
        hinter eine verwurzeltere ebene zurück

        wir trugen entgegen den koordinaten
        die zeit aus dem tal die felsen
        bestimmten dabei wer stolperte wer nicht
        darauf hereinfiel
        hatte hier nichts verloren

        dem GROSSVATER zuliebe
        ließ der regen es bleiben irgendwann
        gaben auch wir uns der erschöpfung hin
        die das gebirge letztlich überstieg

Rumpf (1)

achtmal anreißen

② und

CHRISTINE HOBA   Akamarinde

Zwei Bären

Ich hause mit zwei Bären im ehemaligen Kinderschlafzimmer. Es steht noch das alte Doppelstockbett an der Wand, der mächtige Kleiderschrank neben der Tür. Ansonsten ist der Raum leer. Unrat liegt in den Ecken, ein alter Autoreifen mitten auf den Dielen. Manchmal schnüffeln die Bären daran herum. Mit ihren Krallen kratzen sie am Gummi.

Wenn sie gut gelaunt sind, kann ich sie dazu bringen, den Reifen aufzurichten und im Raum hin und her zu rollen. Das dunkle Fell ihrer Flanken glänzt über den mächtigen Muskeln. Ihre schaukelnden Köpfe halten für jenen Moment inne, in dem sie sich auf das Rollen des Reifens konzentrieren. Plötzlich, aus dieser Ruhe heraus, von der ich nicht mehr glaube, dass sie sie jemals wieder verlassen könnten, schlagen sie gegen den Reifen und bringen ihn ins Trudeln.

Die Bären verströmen einen scharfen Geruch. Darum halte ich die Tür zum Wohnungsflur geschlossen. Meine alten Eltern würden sehr empfindlich auf den Geruch der Bären in ihrer Wohnung reagieren. Sie würden sich vor den Bären fürchten, so wie ich mich ja auch vor ihnen fürchte. Denn Bären sind unberechenbar. Ihren unbeweglichen Mienen ist keine Emotion abzulesen.

Ich bin auf der Hut. Nachts, wenn ich abwechselnd mal mit dem einen, mal mit dem anderen auf den Etagen des Doppelstockbettes liege, schlafe ich nicht wirklich. Ich halte nur meine Augen geschlossen, um die Bären zu täuschen. Noch im Schlaf, in ihren Träumen könnten die Tiere plötzlich eine unstillbare Aggression mir gegenüber entwickeln. Ein einziger Prankenhieb würde mir das Genick brechen und den Kopf vom Hals reißen. Ihre Schnauzen würden vom Blut und dem blau schimmernden Seim meiner Eingeweide triefen.

Das Fenster, denke ich, wenn ich neben einem der zottigen Körper liege, würde ich am liebsten aufreißen und hinaus auf den im Mondlicht liegenden Hof springen, um davon zu laufen. Doch auch die Bären sind auf der Hut. Ihr Schlaf ist leicht. Schon den Versuch mich leise neben ihnen zu erheben, würden sie mit einem Hieb gegen meinen Schädel verhindern.

Fisch-Mannnes Ruf

Der Traum eines Fisches: das Ohne-Wasser-Sein, das Schlagen der Kiemen und dann die Erlösung durch einen langen Regen, Schneeregen wie Schaum in der Brandung, in die der Fisch-Mann zurückschnappt, in sein Element, in die Stadtbrandung. Ein lärmender, von Straßenbahnen durchkreischter Tag, Schneefall, in den er schnellt, sich windet, das bleiche, gedunsene Gesicht glücklich, das Maul geöffnet, Kiemenflattern an den Wangen, den Mantelkragen hinaufgeschlagen, um dieses Körpermerkmal zu verbergen.

Die Augen auf mich gerichtet, die ich ihn erkenne, die ich ihn verraten könnte in seiner Einmaligkeit. Die ich die Sensationsmaschine gegen ihn bedienen könnte. Seine Angst. Seine blasigen Augen hinter dem unaufhörlichen Treiben feuchter Riesenkristalle, die unter meinen Schal, in die Ritzen meiner Kleidung dringen. Kälteschauer. Seine Fischlippen, mit denen er einen Anruf formt, lautlos, schnappend, unergründlich, einen Fisch-Ruf. Das feuchte Fassen seiner Quastenflossen an den Ärmel meines Mantels, das muschelrosige Innere seines zungenlosen Mauls – Anruf, Anschweigen, das furchtbare Betteln in seinen Augen unter der Schuppenstirn.

Halslos der Fisch-Mann, gleitend in der Umwindung meines auf das Straßenpflaster gestoßenen Körpers. Graue Flocken, unaufhörlich, riesig, Blasenaugen, Fischhaut, das Innere des Mauls wie ein rosig aufgespanntes Zelt, die knöchernen Wanten, graugrüne Organe hinter der durchsichtigen Folie des Magens, über der ich dunkel einen Klumpen sehe, einen pumpenden Blutlampion über der Höhle, in der ich wie ein Fötus ruhe und getragen werde in flüssige, ferne Gegenden ohne Form.

sensations maschine

gar

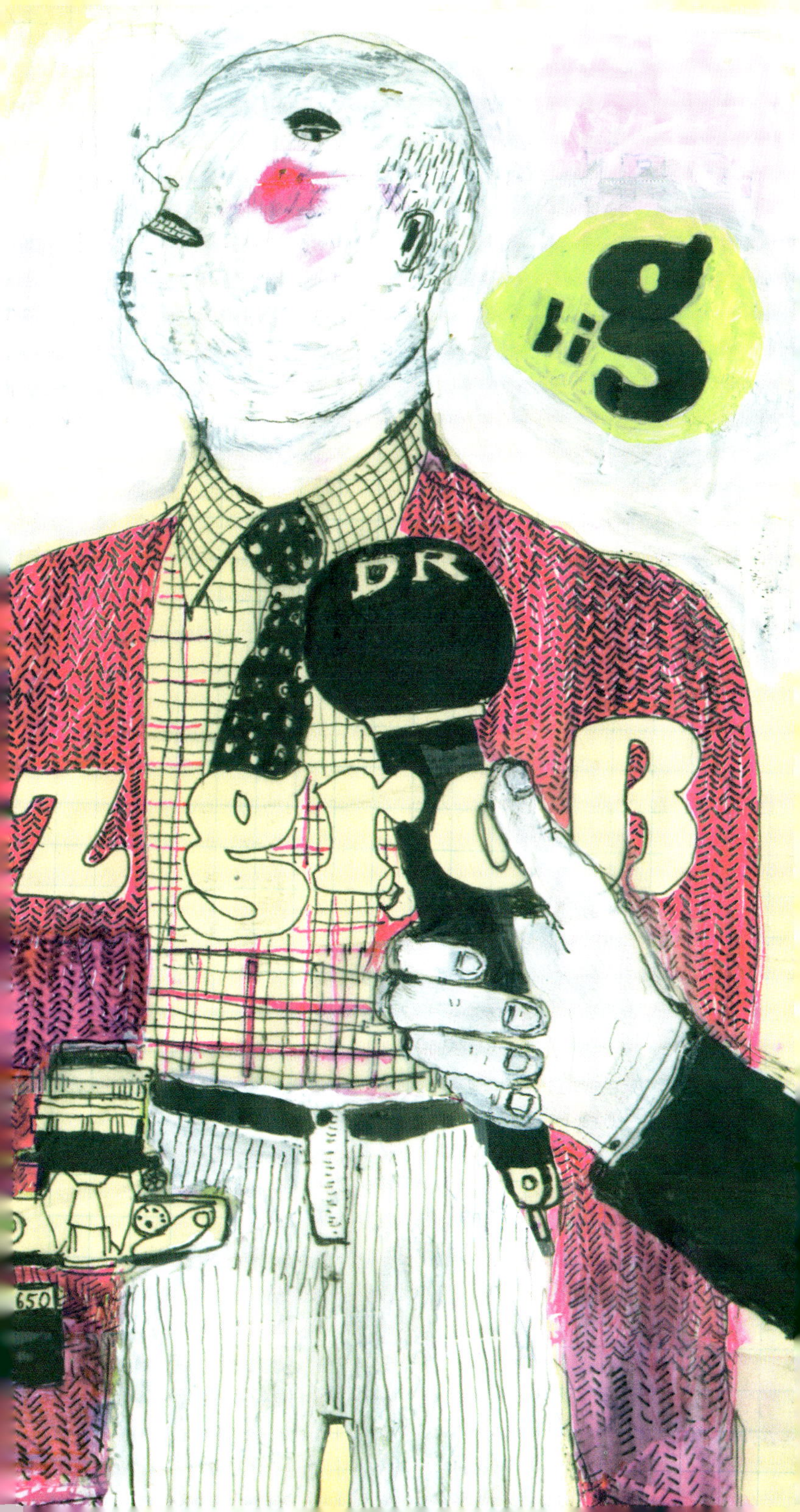
DR
650

CHRISTINE HOBA

Akamarinde

Jahrelang habe ich gesät. Ich kaufte die bunten Papiertütchen, betrachtete die blühenden Versprechen darauf: Akelei, Jungfer im Grünen, Anemone. Ich streute den Inhalt auf meinen Teppich. Im Geist sah ich bereits die zarten Jungfern im Grünen in meinem Wohnzimmer blühen, sah ihre blassblauen und rosafarbenen Köpfchen, ihr zitterndes Grün.

Nie ging etwas von dem Samen auf. Vielleicht ist dieser abgewetzte Teppich nicht fruchtbar, vielleicht fällt zuwenig Sonne in mein Zimmer.

Doch jetzt ist es anders. Ein dicker Sproß hat in den Fugen der Dielung Wurzeln geschlagen. Er ist ein wenig bleich. Sein eines fleischiges Blatt ist blass wie ein Rekonvaleszent. Ich gieße ihn vorsichtig, nicht zu viel. Er wächst gleich neben dem Fernseher. Damit der Elektrosmog ihm nicht schadet, habe ich dem Gerät den Stecker gezogen. Warum sollte ich mich auch langweilen? Ich habe ja ihn, den Sproß. Ich nenne ihn Akamarinde. Natürlich ist er jungfräulich. Er ist sogar zimperlich.

Ich spreche mit ihm. Jeden Morgen, wenn das wenige Licht auf ihn fällt, suche ich ihn nach winzigen roten Spinnen ab. Akamarinde treibt Stunde um Stunde an seinem fleischigen Blatt. Er entfaltet sich. Er verheißt.

Ich singe ihm Lieder vor. Der Kolonien rostfarbener Flechten ringsum an den Wänden bin ich überdrüssig, ihres fahlen Leuchtens in der Dämmerung.

Ich hocke neben Akamarinde und staune.

STEFAN FEIGE — Aus der Bahn

Nach 34-jähriger Bauzeit setzte Herr Bernd P. aus O. den letzten Plastikbusch auf die Platte seiner Modelleisenbahnanlage.

Die ersten Schienen bekam er zur Einschulung. Zur Jugendweihe einen zweiten Trafo. Und zur Hochzeit von seiner Braut ein neues Stellwerk. Seither hatte er zahllose Weichen und Kreuzungen verbaut, Tunnelanlagen konstruiert und Bahnhöfe geschaffen.

Es war immer eine Baustelle gewesen, nichts endgültig und nichts perfekt. Immer hatten ihn neue Ideen berauscht.

Aber nun, da der letzte Plastikbusch auf seinem Platz stand, blickte sich Bernd P. um.

Doch da lag nichts.

Stattdessen lag es vor ihm. Alles. Aber es war fertig. Komplett.

Es blieb nichts weiter zu tun, als es anzusehen. Und zu staunen.

Er stützte sein Kinn auf die Faust. Die ganze Welt, die er erschaffen hatte, konnte er überschauen, ohne den Kopf zu bewegen. Aus dem Staunen wurde ein Starren ohne Lidschlag. Und als seine Augäpfel brannten, blinzelte er wie nach einem durchschlafenen Vormittag.

Bernd P. ging zum breiten Erkerfenster und öffnete die Flügel.

Dann schob er den Tisch mit der Platte an die Fensterbank und schließlich die Platte ohne den Tisch über die Fensterbank.

Bernd P. aus O. salutierte. Er salutierte vor seinem Werk. Bis jeder hörte, wie es zerbrach. Darauf musste er eine Weile warten, denn er hatte alles weit nach oben gebracht.

Er ging an den Kleiderschrank und wühlte die viel zu weite Kombi seines Vaters hervor. Bernd P. wusste noch, wie man es macht: unbemerkt in den Lokschuppen kommen. Und wie damals, nur heute ohne den Vater und die Beine um einiges länger, schwang er sich die Leiter zur Kabine empor. Seinerzeit hatte sich der Vater um alles gekümmert, aber auf solche Kleinigkeiten konnte Bernd P. heute keine Rücksicht nehmen. Er stellte sich hinter den Sitz, als der schwere Diesel die Lok durch das Tor schob, das aus Sperrholz schien.

Er drehte an seinem überdimensionalen Traforädchen und sah die allerschönsten Spielsachen vorbeiziehen. Das mächtige Brummen in seinem Rücken berauschte ihn, und sein Weg führte ihn vorbei an lebendigen Menschen, die winkten und ausgelassen in ihren Autos hupten.

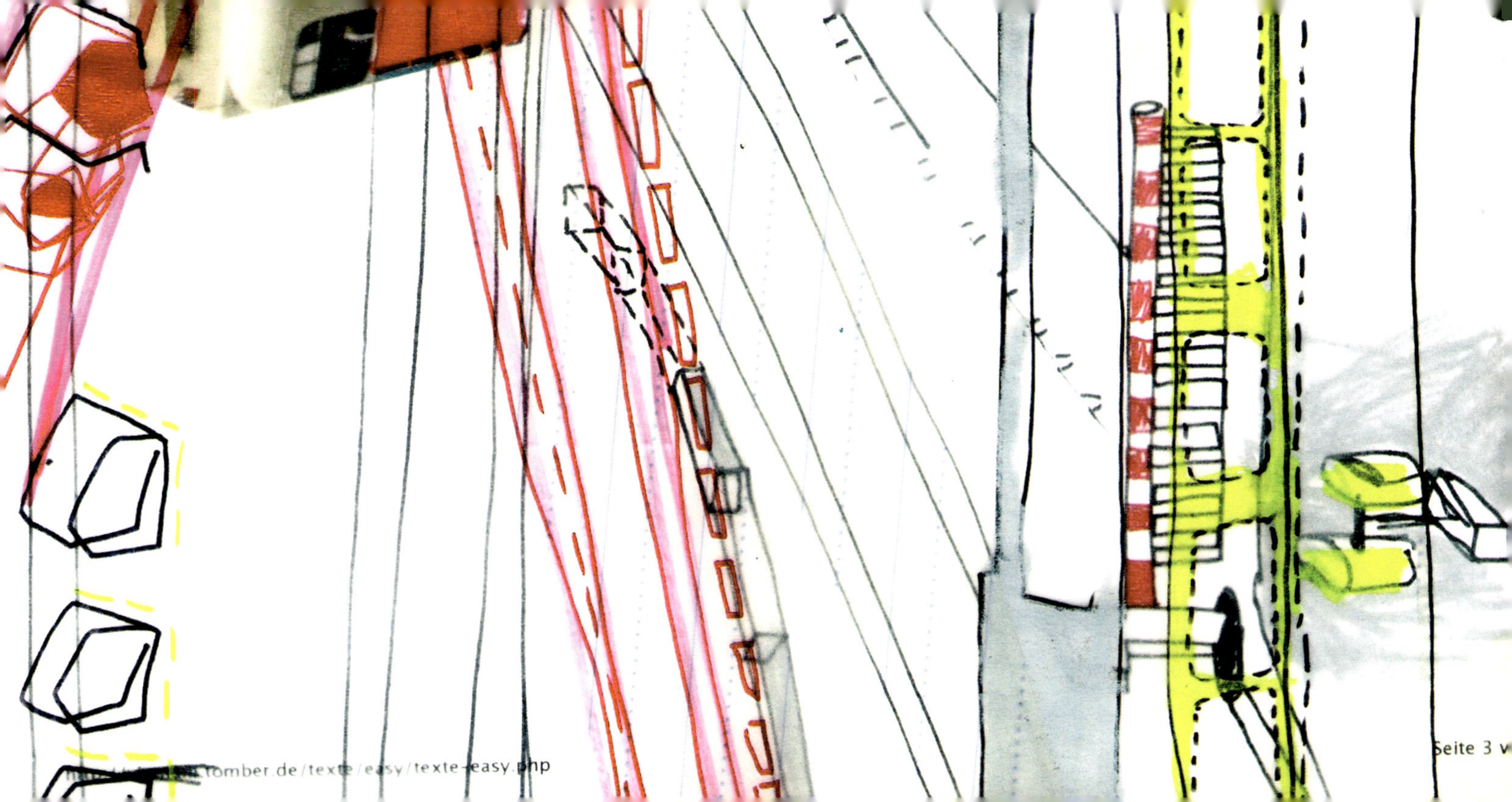
tomber.de/texte/easy/texte-easy.php
Seite 3 v

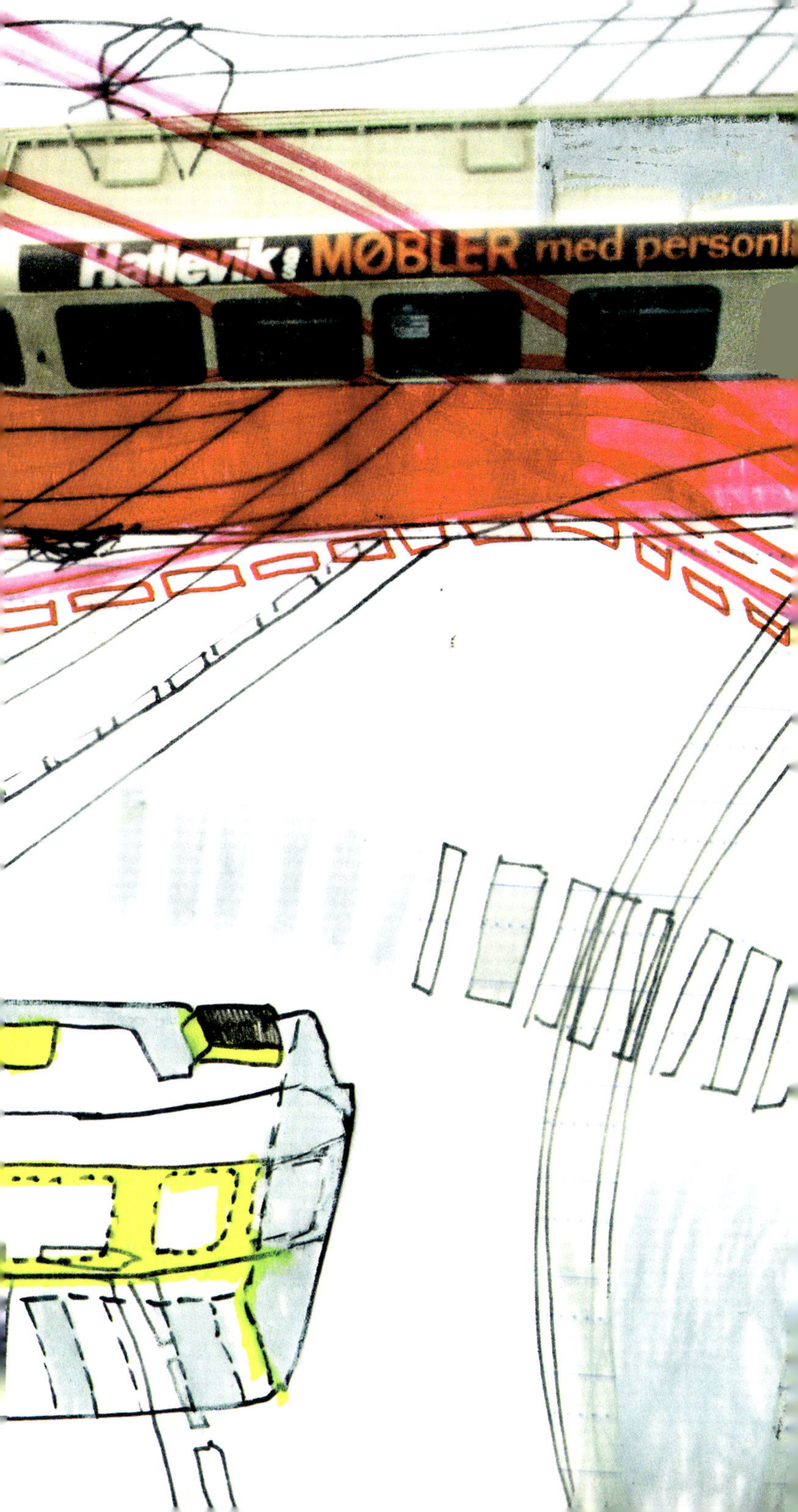
Hatlevik
MØBLER med personli

STEFAN FEIGE

Auch Straßen überquerte Bernd P., doch dafür konnte er nichts. Durch irgendetwas waren die Weichen bereits gestellt, und alles, was er hatte, waren 600 PS und dieses Traforädchen, das den willigen Stahlkoloss über die Schienen trieb. Wie gerne hätte er die Schranken heruntergelassen, wie früher auf der Platte. Aber heute musste jeder selber sehen, wo er blieb. Er jedenfalls würde hier bleiben. Und sich solange am Brummen berauschen, bis auch diese Welt aus irgendeinem Fenster fiel.

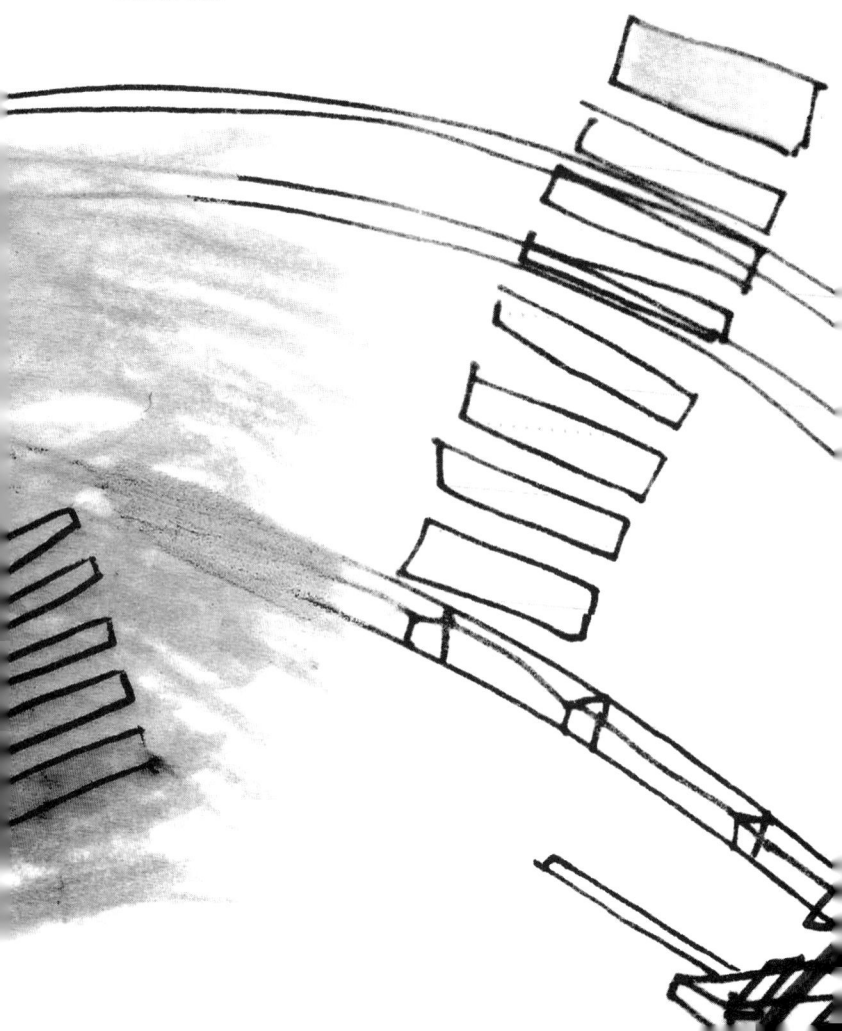

Unpersönliches Gedicht *für Gunnar Schumann*

In diesem Sinn will ich persönlich bleiben
Nicht, schlicht will ich auf Du und Ich verzichten
So jedenfalls mich halbwegs danach richten
Ich wünsche, mich aus dem Gedicht zu treiben

Ich will jetzt jene Leute auch erreichen
Die keine oder kaum Gedichte lesen
Von solchen habe ich den Tipp desgleichen
Verberge bloß Charakter und dein Wesen

Gedichte sollten niemals etwas sagen
Von irgendwelcher Dichter Seelenklagen
Die nur sich selber eitel wiederkäuten

Man müsse Verse unpersönlich schreiben
Die weder von dem Selbst noch andern Leuten
Geschweige handeln vom Gedöns der Leiden

CHRISTIAN KREIS

Urteilskraft

Im Biergarten saß ich
Blau auf Volkes Bänken
Ließ nach allen Seiten
Meinen Bennblick schwenken
Zu den Exemplaren
Praller Oberweiten
Flut der Kleinstadtscharen
Töchter, Mütter, Omas
Blonder Färbungston
Schnitzel in den Stomas
Einen die Nation

Noch ne Runde bitte
Tochter ging zum Klo
Zückte dann ihr Handy
Reizte mit dem Po
Der kokette Typus
Domina und Sissi
Paarungsatavismus
Tobte mir im Schritt
Musste eregieren
'S fließt sagt Heraklit
Kellner kam servieren

Tochter kam zurück
Schnaps auf den Tabletts
Jetzt sah ich genauer
Fehlwuchs des Skeletts
Was als Reiz erschien
Wurde mir zum Schauer
Grund zu Aphasien
Wer war sie, wer nicht
War sie wie ich bin
War ich ziemlich dicht
Gar sie Dichterin

Die Axt im Odenwald   *für Michael Spyra*

Es geht mir ab das feierlich Ernste sehr,
  Der hohe Ton, den die Ironie doch längst
    Verlacht hat, und die Lust, bestimmte
      Worte, nur wegen der Form, ans Ende

Des Verses, oder als Parenthese, zu
  Skribieren. Dass Gernhardt sich beklagte, dass
    Das schwierig sei mit dem Sonett, ist
      Auch nur im Sinne des Scherzes sagbar,

Denn Oden sind das Schwierigste. Außerdem
  Sind uns der Griechen Götter verschwunden, die
    Die Oden zu beseelen wussten.
      Selbst an den einen ist kaum zu glauben.

Für wen ist Lyrik noch ein Gebet, es ist
  Zu spät für solche Sangesversuche. Klopp
    Mit deinem Odenstock das Maß fest:
      Was es nützt, wissen die Götter nicht mehr.

CHRISTIAN KREIS

Drachensteigen

Mein Drachen
Sah aus wie ein Adler
Bestimmt wäre er gern
Übers Feld geflogen
Aber ich wusste nicht wie
Denn Vater blieb zu Haus
Da musste ich den Vogel
An der Decke des Kinderzimmers
Aufhängen; dort
Baumelt er seit Jahren
Und langsam wird es Zeit
Ihn zu begraben
Bevor die Mutter
Mit dem Staubsauger
Seine Leiche
Zerfleddert

Saale

die Wasser schäumten
am Wehr, es trieben
fette Schaumkronen
gen Calbe, Tensideduft
sog ich genüsslich ein
so hatten mir Flüsse
zu sein und als ich sah
dass andre ungekrönt
flossen, wurde sie mir
noch schöner

[nachtwäsche]   (für l.k.)

du schönes ding
es ist tag und nachtgleiche
es ist an der zeit für die große wäsche
von sonnendunst geträuft
schirmt dein rock den sommerschlaf der heizung, halb du
und in meinen kleidern, halb ich,
erwachst du, flaumige vogelscheuche
zwitschernd in der voliere meines bettes

ich hab dich ertappt
du unnützes ding
hast die stadtwinde ungekühlt verschüttet
deinetwegen ist das dunkel ganz verschwitzt
die von den laternen naschte und ihre kerne
in die wolkenlauge spuckte, das warst du!
du schmutziges ding
drehen wir uns, zwei weiße mangeln, finger
um finger lecken wir einander rein
es ist nacht und taggleiche
es ist an der zeit für die große wäsche

JULIANE LIEBERT

[tangens]

das laminat war auslegungssache
wir also ständig im fall begriffen
ohne jemals fuß zu fassen
im gut fundierten bodenlosen
erklärten wir an stelle dessen
aufschießend in stromlinien
form versetzten radien
den höhepunkt zur monotonie
was bedenkenlos gelang weil
der luftwiderstand längst gebrochen
die geschwindigkeit so hoch wir
so leichten herzens nahezu
schwerelos waren und den grund
nicht kannten

heftig hurt es in dir das verbotene
wort ist fleisch geworden
und vergangen an dir
hat's sich, ergötzt

im tiefblassen funkenloch deiner mitte
glüht das sich windende rätsel
verschmolzen zur natter
sind gott und kalb.

es ist keine zeit
da nicht dampfen die ketten-
karusselle sirren auf venetas märkten
zischen in der flut

deine hände sind die letzten
exemplare einer aussterbenden vogelart
sind luftträger, windbeladen, unstet ihr flug
wie ihre artgenossen selig
unter mantelärmeln in woll-,
in seidensärgen schaukeln können
sie nicht fassen

        es sind zwei fremde in uns, die finden
        nichts aneinander als vier handvoll nägel
        ich suche schnee auf deiner zunge, finde
        hitzegefälle, greise sommer, bin
        so glücklich, ich könnte nicht weinen
        wenn du stirbst, die tränen müssten
        fischeier sein, angelhaken, genau
        das loch in deinen lippen füllen, glänzen
        weil du das licht in deinem mund nicht sehen kannst
        wenn du ihn öffnest braucht der tag
        keine sterne, sie müssten kaviar sein,
        geschwärztes, warmes salz

JULIANE LIEBERT

das meer das hundsäugige das kalkfüßige meer
tausend fingerzeige weit und ungezählte
brusttiefen schwer, wo es heller ist
als irgendwo weil das licht vom wasser
gebrochen, auf dich zurückgeworfen wird,
wo dir deine blicke versalzen ins gesicht schlagen,
wo du für ein paar hühnergötter zwei
gläser wodka eine nacht im tang
dein leben ruinieren würdest für
einen einzigen moment: die weite
wie du sie siehst im spiegelbild
des spiegelbildes eines fremden
im zugfenster, neben dir, draußen

JULIANE BLECH archiv

sich klammern an einen geruch
sich hingeben für ein wort
einen hauch

lippe und duft

festhalten fest
für sekunden
wabe

raum dunkel luft
rinnendes verweben
hüten

den rest

STEPHAN SEIDEL   Mein Geschenk

Es regnete, und ich hatte die Kapuze vergessen. Die zum Anstecken. Die ich zu Weihnachten von meiner Mutter geschenkt bekommen hatte. Von meiner Mutter, der alten Schlafwandlerin, und von meinem Vater. Das stand auf einem der Pappschilder, die meine Mutter immer an Geschenke klebt. »Zu Weihnachten von deiner Mutter und deinem Vater.« Diese rote Kapuze hatte ich vergessen. Sie lag im Kleiderschrank, eingepackt in das Geschenkpapier mit den Glocken und Rehen drauf, das auch im Schrank unter der Eckbank in der Küche meiner Eltern liegt. Seit zehn Jahren vielleicht. Es wird nicht alle. Es wird nicht alle, denke ich manchmal, wenn ich es wieder sehe, wenn ich zu Weihnachten meine Geschenke auspacke, weil ich meine Eltern besucht habe. Oder wenn ich weit hinten in meinem Kleiderschrank darauf stieß, auf das Päckchen, in der die Kapuze war, wie letzte Woche, als ich es herausholte und das Pappschild abriss. Die rote Kapuze erinnerte mich sofort an einen Film, den ich früher zu meinen Lieblingsfilmen zählte, als ich sie das erste Mal sah. Ich sah sie das erste Mal, als ich sie auspackte aus dem Papier, das ich vorhin erwähnte. Sie erinnerte mich an diesen Film, den ich sehr mochte, aber auf dessen Namen ich nicht kam. Ich wusste aber doch, worum es ging, und was ich so an ihm mochte, und vor allem, das war das erste, das mir einfiel, dass der englische, also der Originaltitel, eine ganz andere Bedeutung hatte als der deutsche, den alle kennen, der mir aber ebenso wenig einfiel wie der Originaltitel. Ich hatte sie vergessen, in meinem Kleiderschrank aus Eichenholz. Dabei hatte es geregnet, und ich hätte sie gerne anprobiert. Es war höchste Zeit, nach sechs Monaten und ein paar Tagen. In dem Film hatte ein Mädchen die rote Kapuze auf dem Kopf, das gleich zu Filmbeginn starb. Sie hatte die Kapuze auf dem Kopf, und es regnete gar nicht. Und trotzdem ertrank sie im Teich vor ihrem Haus und dem ihrer Eltern.

Es hatte geregnet an dem Tag, am 17. Juli, einem Sonntag, als ich aus dem Haus ging, und ich hatte sie vergessen. Ich hätte sie gern anprobiert, aber vergaß sie, wie so oft, wenn ich aus dem Haus ging, und es regnete. Ich hab darüber nachgedacht, wie ich sie so oft vergessen konnte, und bin zu dem Schluss gekommen, dass ich manchmal ganz gern aus dem Haus gehe, wenn es regnet. Ich mag es, wenn meine Haare und mein Gesicht nass werden, nicht so, wie wenn man sich früh wäscht und Wasser ins Gesicht klatscht, sondern, wenn es Tropfen für Tropfen, ganz langsam oder bei starkem Regen ganz schnell, aber auch Tropfen für Tropfen nass wird. Aber ich glaube, den leichten Regen, den mag ich noch mehr. Das wusste meine Mutter nicht, als sie sich entschloss, mir die Kapuze zu Weihnachten zu schenken, als sie sie im Kaufhaus am Markt das erste Mal sah, als sie vor ihr und den anderen Kapuzen stand, als sie sie an der Kasse bezahlte und als sie das Pappschild am Papier mit den Glocken und Rehen anbrachte. Obwohl sie gar nicht so schlecht lag und mein Vater auch nicht. Ich fand sie sofort schön, aber wenn es regnet und ich das Haus verlasse, dann freue ich mich fast auf den Regen, so dass es eigentlich kein Wunder ist, dass ich sie auch an dem Sonntag vergessen habe.

Und als ich nach Hause kam, mit nassem Haar und nassem Gesicht, da war mein erster Gang zum Kleiderschrank. Ich trocknete meine Hände an den Pullovern, die davor lagen und nahm das Päcken heraus, das ich, gleich nachdem ich es von meiner Mutter bekommen hatte, wieder verschloss, mit dem Klebeband daran, das noch so frisch war, dass keine Papierreste vom Öffnen dran klebten und ich es wieder verwenden konnte. Ich nahm das Päckchen aus dem Kleiderschrank und riss das Pappschild ab, nachdem ich es noch einmal gelesen hatte. »Zu Weihnachten von deiner Mutter und deinem Vater.«

Meine Mutter war wieder umgekippt, im Schlaf in der Wohnung rumgelaufen und dann umgekippt. Mein Vater war ihr noch vorsichtig gefolgt, hat sie nicht wecken wollen, weil der Arzt gesagt hatte, er soll das nicht, und dann hat sie etwas gesagt, wovon er sich heute nicht mehr sicher ist, ob er es richtig verstanden hat, und dann ist sie umgekippt. Mein Vater hat ihr sozusagen dabei zugesehen, weil er vorsichtig genug war, ihr nicht zu nah zu kommen, als er sie verfolgt hat. Meine Mutter lag also im Krankenhaus, nicht schlimm, aber sie lag da nun mal und schlief viel, ohne rumzulaufen, und ich erinnerte mich, dass sie mir ein paar Tage zuvor gesagt hatte, ich solle Annas Geburtstag nicht wieder vergessen. Anna, meine Cousine, erst sieben, hat auch so eine Jacke, wo man Kapuzen dran stecken kann, wusste ich. Also hatte ich ein Geschenk. Ein sehr schönes, worauf ich sehr stolz war, und da meine Mutter im Krankenhaus lag und mein Vater nicht an den Geburtstag seiner Nichte denken würde, brauchte ich mir keine Sorgen zu machen, dass einer der beiden mir Vorwürfe machte, ein Geschenk zu schenken, das man schon selbst geschenkt bekommen hatte. Aber weil ich Anna so mag, dass ich niemanden dabei haben wollte, wenn ich ihr mein Geschenk gebe, nicht einmal ihre Mutter, also meine Tante, rief ich sie an, denn telefonieren darf sie schon, und machte mit ihr einen Termin aus. Termin, das ist ihr Lieblingswort. Wir trafen uns an der Bushaltestelle, an der sie immer aussteigt, wenn sie von der Schule kommt. Da wollte sie den Termin mit mir. Und ich glaube, sie hat sich gefreut über die rote Kapuze. Ich glaube ja. Sie hat sie nämlich gleich anprobiert und aufgelassen, als wir uns verabschiedeten. Obwohl es gar nicht regnete.

Sie ist dann auf den Dachboden gegangen, weil die Tür offen stand und die sonst nie offen steht. Und Anna deshalb auch noch nie auf dem Dachboden war. Sie stand offen, weil Herr Gruner, den ich eigentlich gar nicht kannte, aber dessen Namen ich mir jetzt gemerkt habe, dort etwas gesucht hat, etwas, das er aber nicht finden konnte, weil es nicht da war. Ein Verlängerungskabel, das er dann im Keller gefunden hat. Und weil er also nicht mehr länger oben, auf dem Dachboden suchen brauchte, ist er wieder hoch und hat ihn abgeschlossen. Und Anna muss das nicht gehört haben und hat dann wohl um Hilfe gerufen, wahrscheinlich geschrien und geweint, aber niemand hat sie gehört. Und als sie das Dachfenster, das ein wenig geöffnet stand, weiter öffnen wollte, ist sie raus gefallen.

Das hat mir mein Vater erzählt, der Bruder meiner Tante. Und ich habe gedacht, wie man so sagt, da erlaubt sich jemand einen Scherz mit einem, mit mir. Er erlaubt sich einen schlechten Scherz mit mir, einen sehr, sehr schlechten, überhaupt nicht komischen, aber das hat er nicht. Ich hab sie gesehen noch einmal, in dem Sarg, denn ihre Mutter, also meine Tante, wollte einen. Und sie lag da drin, links der Kopf und rechts die Füße und war sehr schön, auch ohne die Kapuze, und es war auch gar nicht nass da drin, gar kein Wasser. Es war auch ein schöner Sarg aus Holz, vielleicht Eiche, ich weiß nicht. Ich habe nicht gefragt. Wenn ich jetzt an Anna denke, sage ich mir immer, sie ist nicht ertrunken. Aber es tröstet mich nicht.

frühling

ich sah einen mann
am ende der nacht mit
ausgebreiteten armen die
hauptstraße entlanglaufen
und irgendwie glaubte ich ihm

einsam eins

dort wo
der himmel aufreißt

blicke nach oben
zur nacht

schwarzblau
vor häuserfronten
man hat sich die feinde

ausgesucht

manchmal ein räuspern
ein zögern im schritt

worte wie
zeitstillstand

der winter
zwischen den ästen
verschwommenes licht

ergraut

bis wir gehen
und jemand sagt

es ist kalt.

MARCO ORGANO   Odyssee später

Du stehst an der Reling,
ritzt Seenotzeichen
ins modernde Holz.
Nur lustlos gründliches Plätschern
an den alten Planken
singt die uralten Lieder
in dein müdes Ohr

& du wünschst dir Wachs
es zu stopfen,
Ruhe zu lauschen den Gesängen
hinter dir liegt wo du hin willst:
Zu den Sirenen zurück!
Doch der Strom treibt dich nach vorn
& dein Schiff davon.

PETER WINZER   Erloschene Augen

Besessen

Wenn du stundenlang am Weinen bist
ist deine Triebkraft nicht Liebe.
Neulich floss Speichel aus deinem Mund
und in deinen Augen sah ich nur Weißes.
Vielleicht hat wirklich ein Dämon
Besitz von dir ergriffen
und ein Priester muss her.
Doch vielleicht ist es die Banalität
die dich rüttelt
wenn du nicht im Scheitelpunkt
der Dinge stehst.
Am Sonntag
hast du dir deinen Slip vom Leib gerissen
und geschrieen: sieh sie dir an!
Aber ich sah nur
dass dich gerade niemand vögelt.
Und ich verstehe nicht
warum ich dich nicht liegen lasse
und einfach gehe.

Aber manchmal
machen mich deine Anfälle geil
und ich ficke dich.
Danach fühle ich mich elend
weil du tatsächlich besessen bist
und ich nicht der Priester bin
der diesen Kreis durchbrechen kann.

PETER WINZER

Fluch

Freilich ist der Weg
vom Bad zum Balkon kürzer
als der durch das Viertel.
Aber den kenne ich so gut
wie Tage wie diesen.

Ich könnte auch meine Fingernägel kauen
das ändert aber nichts daran
dass du mit einem Gorgonenhaupt
bei mir aufgetaucht bist
und ich gestehen muß
dass du hinter der Furie von gestern
noch erkennbar gewesen bist.
Aber hättest du
dein Tagebuch nicht vernichtet
und unterm schwarzen Mond geflucht
wäre heute ein guter Tag.

Doch nun trägst du den Fluch
auf deinen Schultern.
Und ich
bin zufrieden mit meinem Werk.

Erloschene Augen

Am Anfang waren du und ich
aber nach einiger Zeit
erloschen die Augen der Infantin
und hässliche Worte
wurden zum Vorspiel der Begierde.
Doch das begriff ich erst
als ich weggegangen bin.
Und noch immer
überkommt mich das Schaudern
hielt ich mich doch für einen
der mit allen Wassern gewaschen ist
doch ich hatte mich verloren.

Aber du lauerst weiter
im Netz der Wolfspinne
schleuderst klebende Fäden zu mir
mir blieb nur die Flucht.

Nun bin ich seit Wochen im Versteck
und schnitze einen Januskopf
in der Finsternis.

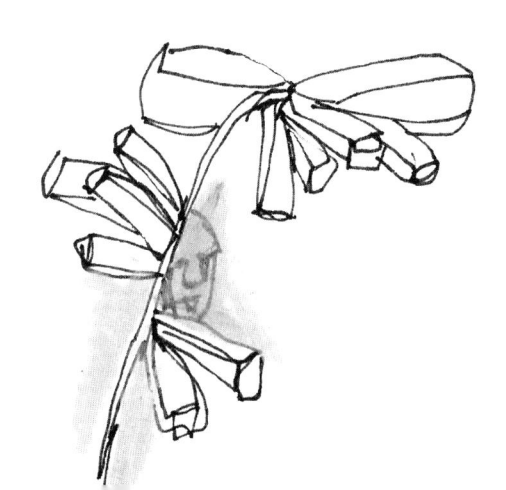

WILHELM BARTSCH   Müllers Winterreise ohne Schubert – dafür mit Byron
Dankesrede zum Wilhelm-Müller-Preis 2007

Meine Damen und Herren, sehr geehrter Herr Minister, mein lieber Peter Geist, liebe Freunde!

Schubert & Müller sollen – und nicht nur für mich – das unschlagbare Team in der Geschichte der Künste bleiben. Ich liebe dieses Unternehmen, seit es mich gelehrt hatte, die rosarote Brille der Ewigkeit, also die des Kindes, abzusetzen. Ich liebe mitten im langen Winter einer auf vermutlich natürliche Weise alternden Menschheit den trotzdem immer noch und immer wieder grünenden *Lindenbaum*. Das Team Müller & Schubert bleibt meine Nummer eins – aber was wäre, es machte sich einer von Beiden mit seinen Anteilen davon?

Schon geschehen. Sie werden das in wenigen Minuten merken. Partner Schubert wird rausgeschmissen, Lord Byron kommt ins Team. Aber keine Bange! Denn wissen Sie was? Im Gegensatz zu Wirtschaftsunternehmen macht es guten Kunstwerken gar nichts aus, sie zu trennen, sie zu verjubeln oder sie voller Wut zu pulverisieren. Unsereins darf das sowieso und macht dergleichen auch von morgens bis abends. Aber ein nur halbwegs kundiger, vielleicht nur halbverliebter oder selbst vage interessierter Blick Ihrerseits – und der ganze Zauber steht frisch wie am ersten Tag!

Heute gucken wir mal ein bisschen hinter die Spielleiste auf die winterliche Puppe, die Müller tanzen lässt zu seiner eigenen Musik, z.B. wenn die Requisite des Lindenbaums zum Vorschein kommt.

Ich mag in diesem unserem schönsten Volks- und Heimatlied inzwischen auch den ganz sicher von Wilhelm Müller versteckt eingebauten Scherz, dass diese Linde ja auch im Selbstmörderwald der Danteschen Hölle stehen könnte, wo man dann aber vermutlich alles andere als seine Ruh' fände. Derartige Geistereien mit napoleonischen Sturmstoßfrisuren – husch! – überall in dem Zyklus des, hier, vielleicht allerhochreflektiertesten Großgedichts neben Novalis' *Hymnen an die Nacht*, lassen mir, Wilhelm, zunehmend vor Bewunderung den Hut vom Kopfe fliegen, den mir Wilhelm doch überhaupt erst dahinauf gezaubert hat.

Nun, meine lieben Anwesenden – das war auch schon unsere Aufwärmübung. Es wird nun nämlich kalt, aber es soll uns das Ungemütliche dennoch nichts anhaben können nach dem warm up und den hier schon verratenen dirty tricks.

Ich will darauf hinaus, dass wir in einer Welt leben, wo zunehmend die Nicht-Orte die Orte verdrängen. *Orte und Nicht-Orte* – so heißt ein inzwischen berühmtes Buch des französischen Ethnologen Marc Augé. Nicht-Orte sind heutzutage beispielsweise Airports, Autobahnen, Supermärkte, ein »planetarisches Einerlei«, wo es quasi keinen Ort für uns gibt, wo wir nur Passanten, Unbehauste, Heimatlose sind und im übrigen ständig nachweisen müssen, ob wir überhaupt zugangsberechtigt sind, also auch Geld haben. *Wir leben in einer Welt*, schreibt Marc Augé, *die zu erkunden wir noch nicht gelernt haben.*

Entsprechend wären die Orte vielleicht etwas, wie es mal mein norwegischer Freund Trygve Evensen mit Hinblick auf Deutschland ausgedrückt hat: *Bei euch muss man erst mal von der Autobahn runter, egal wo, dann von der Bundesstraße runter, egal wo, dann von der Landstraße, egal wo – aber ab dem fünften oder sechsten mal Abbiegen wird es in Deutschland fast überall schön – manchmal noch derartig schön, dass man kaum seinen Augen trauen kann.*

Dieses bis zu fünf- und sechsmal und mehr Abbiegen ist natürlich auch in kleinteiligeren Mustern möglich, und da trifft man beispielsweise auf alte Napoleonpappeln, auf manchmal noch uralte Dorflinden und -eichen. Oder eben nicht mehr. Diese fünften und sechsten Dimensionen, diese Erinnerungsreste nunmehr sind es, die jetzt auch noch zu schrumpfen beginnen – ich habe den Eindruck, schneller als zuvor.

Das alles, nur in einer anderen Rasterung, mit anderen Mustern zwischen Orten und Nicht-Orten steht bereits in der *Winterreise* von 1824. Nicht zum aller ersten Mal – denn in noch gröberen Zügen und konsequent bis zum Verlöschen selbst noch der Nicht-Orte auf Erden hat dergleichen im Juli 1816 am Genfer See schon in seinem großen kompakten Gedicht *Finsternis* Lord Byron getan, den Wilhelm Müller so kritisch verehrte. Er schrieb ja auch Byrons erste bedeutende Biographie in Deutschland, die ein Jahr nach der *Winterreise*, 1825, erschienen ist.

Ich komme heute auch auf dieses Thema und auf diese Konstellation, weil ich seit Jahren an einem nur sehr aufwändig zu recherchie-

WILHELM BARTSCH

renden Roman arbeite, der die Anfänge der nicht erst jetzt so beunruhigenden und zugleich so segensreichen entwicklungsbiologischen Wissenschaften zum Gegenstand hat und somit auch das, was seit Michel Foucault *Biopolitik* heißt.

Der Erzähler in meinem Roman 1813 und 1814 von Leipzig bis Paris, von Halle bis Neapel, ist vor allem der Anatom und Gerichtsmediziner August Albrecht Meckel von Hemsbach, der Halbbruder von Johann Friedrich Meckel dem Jüngeren, einem der bedeutendsten Vordarwinisten. Und dieser August Albrecht war ab 1813 auch ein quasi schwarz-rot-goldener Oberjäger bei »Lützows wilder verwegener Jagd« gewesen. Der Gegenstand meines Romans erweiterte sich also rasch zum Panorama: Auf einmal gerieten mir unseres modernen Deutschlands Anfänge in den Blick, und bei all dem scheinbar so ziemlich exotischen Geschehen wurde mir zunehmend klarer, dass damals das begann, was wir auch heute noch unsere Gegenwart nennen können – und so wird das alles andere, zumindest sehr viel mehr als nur ein historischer Roman werden.

Wilhelm Müller nun ritt dort schon vor Jahren und seither einige Male höchstselbst durch das Großbild in meinem Kopfkino, wenn auch eher als Randfigur. Denn Müller war ja ebenfalls 1813 zu den Waffen geeilt wie so viele deutsche Künstler und Wissenschaftler seiner Zeit auch, zwar nicht zu den Lützowern wie etwa Eichendorff, sondern Müller war ein regulärer, wenn auch freiwilliger Gardejäger bei Preußens geworden mit einem ähnlichen Kriegszugsschicksal wie der Verfasser der unsterblichen *Undine*, der Major und Baron Friedrich de la Motte Fouqué. Die Lützower Partisanen nun hatten zwar stets den größeren Kampf gesucht, ihn aber eigentlich nur im Treffen an der Göhrde gefunden – weshalb der Volksmund, auch der Lützowsche, manchmal ironisch von »Lützows stiller, verlegener Jagd« gesprochen hatte. Eichendorffs Einheit etwa war eine einzige erfolg-, da gegnerlose Streifpartie in den niederlausitzischen Gegenden gewesen. Vom zierlichen Gardejäger Wilhelm Müller weiß man nur, dass er z.B. wie Fouqué an den Schlachten von Groß Görschen, Bautzen, Haynau und Kulm teilgenommen hat. Wer nur eine dieser Schlachten einmal genauer in der Literatur und auch vor Ort nachvollzogen hat – wie ich es mit der mental so wichtigen Schlacht von Groß Görschen bei Lützen am 2. Mai 1813 mehrfach getan habe, der weiß, dass dort auch das schiere Grauen des hereingebrochenen Massenkriegszeitalters geherrscht hat – ob er nun selber eingesetzt oder in Reserve gestanden war wie vermutlich Wilhelm Müller.

Heinrich Lohre schreibt in seinem Lebensbild *Wilhelm Müller als Kritiker und Erzähler*: »Wie gern würde man Näheres erfahren über die Art, wie dieser körperlich und seelisch zarte und freiheitsgewohnte Jüngling den militärischen Dienst und den Krieg erlebte! Aber Müller spricht davon in dem Tagebuche der späteren Studentenzeit so gut wie gar nicht – was doch vermuten lässt, daß seine Phantasie nicht gern bei den Einzelheiten verweilte ...«

Man sprach auch sonst so gut wie nicht über diese meist einfach unglaublichen Dinge, und man muss lange nach entsprechend glaubwürdigen Dokumenten suchen, etwa Wenzel Krimers und August Wilhelm Schlegels erschütternde Berichte über den Einsatz der britischen Congreveschen Raketen, die eine Art Napalm-Inferno auslösten, in der Völkerschlacht oder schlichtweg über das allgemeine alltägliche Kriegselend, und sei es das des Verfassers der *Undine* im nordböhmischen Lazarett, das er fast nicht mehr hätte verlassen können. Fouqué war nur einer der vielen Kriegsversehrten gewesen. Er verliert später kein Wort mehr darüber. Dennoch hat Goethe – dessen Kriegteilnahme in einer durchwachten Nacht 1806 in seinem Weimarer Haus bestanden hatte, indem er seine Christiane die Löffelgarde Bernadottes zurückschlagen ließ – so sehr ja gar nicht unrecht, wenn er später Wilhelm Müller und die Romantiker überhaupt wie folgt abfertigt: »Die Poeten schreiben alle, als wären sie krank und die ganze Welt ein Lazarett.« Viele der von Goethe Genannten waren doch auch krank, und wenn es auch nur durch die allgemeine große Erkältung nach 1789 oder 1806 gewesen war, und nicht die Wenigsten von ihnen haben doch auch tatsächlich im Lazarett oder auf dem Stroh gelegen. Aber noch heute trifft man auf durch und durch friedliche Germanisten, die in Wilhelm Müllers *Gedichten aus den hinterlassenen Papieren eines reisenden Waldhornisten* dem Klanginstrument der Romantik, eben dem Waldhorn, allenfalls Schönbläser und Postler, höchstens aber jenen Schau-

WILHELM BARTSCH

er noch zuordnen, den uns Eichendorff mit seinem behüteten Rehlein und mit seinem *Hörst du nicht die Jäger blasen?* wohlig den Rücken hinunterjagt. Ich habe inzwischen sogar Zeichnungen und Skizzen von den Musikkapellen allein nur bei den Lützowschen Jägern gesehen – darunter eine recht bekannte von Caspar David Friedrichs Freund, dem Maler und bedeutenden Lützower Oberjäger Georg Friedrich Kersting, wo nämlich der Hautboist zusammen mit einem Waldhornisten quasi ins Kriegshorn stößt.

Aber der Krieg allein – und erscheine er in der *Winterreise* auch nur als ein Liebeskrieg, wie ihn Müller als Leutnant bis November 1814 in Brüssel ja auch tatsächlich gehabt haben mochte – entwurzelt einen so seltsamen Wanderer wie den in der *Winterreise* nicht auf eine solche radikale Weise.

Man darf Wilhelm Müller einen viel tieferen Ansatz zutrauen – er beweist es uns ja auch »auf dieser ganzen Reise« seines größten Kunstwerks. Es ist eine Reise ohne Ende – sie führt etwa konsequent am Selbstmörderlindenbaum vorüber, und jeder Friedhof weist ihn ab.

Dieser Wanderer ist nämlich ein ziemlich ausgewachsener Untoter. Wer sich von Ihnen im Abseits herumtreibt, wird ihm manchmal sogar begegnen. Aber er wird Ihnen nicht den Weg weisen können. Seine Wanderkarte, seine *Elementare Geographie*, wie ein Gedicht des Norwegers Paal-Helge Haugen heißt, stammt aus einem Geisterreich, und so sagt er Ihnen, über Ihre Karte gebeugt, immer auch nur die folgenden vier Verse: »Ich kenne keine Abkürzungen. / Wege sind gewunden, zugewachsen / plötzlich vereist, mit brüchigen Rändern. / Die meisten sind nicht auf der Karte.«

Ich will nun einen kurzen Gewaltritt und mitten im gestreckten Galopp versuchen, um in Ihnen ein Gefühl für eine Zeitenwende zu wecken, die wahrscheinlich viel mächtiger als die unsere von 1989 gewesen war.

Achim von Arnims Erzählung *Die Majoratsherren* beispielsweise hebt so an: »Wir durchblätterten eben einen älteren Kalender, dessen Kupferstiche manche Torheiten seiner Zeit abspiegeln. Liegt sie doch jetzt schon wie eine Fabelwelt hinter uns! Wie reich erfüllt war damals die

Welt, ehe die allgemeine Revolution, welche von Frankreich den Namen erhielt, alle Formen zusammenstürzte; wie gleichförmig arm ist sie geworden! Jahrhunderte scheinen seit jener Zeit vergangen, und nur mit Mühe erinnern wir uns, daß unsre früheren Jahre ihr zugehörten.«

Immanuel Kant sprach einmal vom Jahr 1798 als der »Abbruchkante der Geschichte«. Fünf Jahre später verfasste er, als habe ihn der eisigste Wind hinter dieser Kante getroffen, die wenig beachtete Schrift *Das Ende aller Dinge*. Kant beginnt dort mit dem Gedanken an das Ende aller Zeit. Dieser habe etwas »Grausendes in sich ... weil er gleichsam an den Rand eines Abgrundes führt, aus welchem für den, der darin versinkt, keine Wiederkehr möglich ist«.

Napoleon wirkte auf die Menschen damals im Guten wie im Bösen als der Vollstrecker auch des Unausdenkbaren, die Abgründe Überschreitenden. Tot sein oder so wie Napoleon! hieß die Devise vieler energiegeladener junger Leute. Byron war seinerzeit der vielleicht größte dieser Napoleoniden, später erleben wir die fiktiven Gestalten Julien Sorel bei Stendhal bis schließlich hin zu Raskolnikov in Dostojewskis *Verbrechen und Strafe* als Napoleoniden. Ja, bis heute hat das Glücksversprechen des Liberalismus, »the pursuit of happiness« der amerikanischen Verfassung eigentlich immer noch so eine Monade wie Napoleon im Auge. Es ist kein Wunder, denn Napoleons Schlachtmaxime »élan et vitesse« könnte bis heute noch als eine, wenn nicht d i e Lebensformel für die endlose, wenn auch nicht gleichmäßige Gegenwart seit 1806 gelten: »Schnelligkeit und Beweglichkeit«. Ausdrücklich heißt es beim Geschichtsphilosophen Alexandre Kojeve, dass ein solcher glückversprechender egoistisch verfasster Universalstaat aber schon virtuell, dem Prinzip nach, seit der Schlacht von Jena 1806 in Erscheinung getreten sei. Nach der Schlacht von Jena habe die Avantgarde der Humanität virtuell das Ende der historischen Evolution des Menschen erreicht. Hier setzt heutzutage ja auch Francis Fukuyama an mit seinem heiß umstrittenen Werk von Ende der Geschichte.

Also hätten nicht nur die Deutschen mit den Oktobertagen von 1806 eine tiefe Wende ihres Lebens erlebt – Wilhelm Müller war ein weltläufiger, schneller, beweglicher junger Mann in Geistes Gegen-

WILHELM BARTSCH

wart. Vermutlich würde er unter den heute so Agilen gar nicht weiter auffallen. Als er 1817 bis 1818 in Italien weilte, war Lord Byron, der Superromantiker an sich, auch gerade dort.

Und nach dem ganzen europäischen Großkrieg, in dem auch der Lord Byron und Wilhelm Müller mitgefochten hatten, trat 1815 noch etwas ein, das man erst heute wissenschaftlich rekapitulieren und halbwegs einordnen kann – die Natur meldete sich nämlich zu Wort, und gleich so mächtig wie wahrscheinlich nie zuvor in der Menschheitsgeschichte: Der indonesische Vulkan Tambora brach zwei Monate vor der Schlacht von Waterloo mit der vielfachen Kraft des späteren Krakatau aus. Beide Ereignisse zusammen veränderten Europa in wohl eher restaurativer Weise. Der Tambora-Ausbruch hatte Hungersnöte in Europa, auch in Deutschland, in seinem Schlepptau, nach Nordamerika brachte er das bis heute noch so genannte »Jahr ohne Sommer«. Im August schneite es Ohio zu, Tambora brachte die Monsunzyklen durcheinander und damit gigantische Missernten in China und Indien und dadurch erstmals die Cholera. William Turner, dem man in jenen Jahren einen Vorgriff auf die Impressionisten ansehen wollte, hatte aber einfach auf Papier und Leinwand gebracht, was seine Augen am Himmel gesehen hatten. Der Ahasverus Lord Byron saß mit seinem Kollegen Shelley, mit dessen Frau Mary und mit dem Arzt Polidori am Genfersee, und der Sommer fiel zeitweise sehr ins Wasser. In diesem kleinen quasinuklearen Winter von 1816 entstand in dieser Viererrunde in Regen und Gewitter unser fast gesamtes heutiges abend- und immer mehr auch tagfüllendes Programm – Doktor Frankenstein und sein Ungeheuer kommen hervor, und die Vampyre und alle anderen Untoten sind endgültig aus ihren Särgen und anderen Unruhestätten heraus.

Lange wenig beachtet unter den Gelegenheitsgedichten des Jahres 1816 ist nun auch das Gedicht *Darkness* des Lords auf einer Welt, die in diesen Zeilen auf anderthalb Seiten konsequent bis über die Abbruchkante des Lebens selbst hinaus in das Nichts des Alls zurückgeschoben wird. Lord Byron hat wohl als Einziger damals geahnt, woher der finstere Wind wehen mochte, und zwar in eben diesem Gedicht *Darkness*, das gleich prophetisch anhebt: »I had a dream, that was not all a dream«. Wilhelm Müllers *Winterreise* hat ein paar Jahre später auf ihre Weise genau denselben konsequenten Weg.

Da ich frech bin und mich auch auf meinem Gebiet oft ungebührlich betragen muss, um zu halbwegs neuen Ergebnissen zu kommen, biete ich Ihnen hiermit ein Produkt an, an welchem sie halbwegs ahnen mögen, was zumindest auch ganz stark durch Müllers *Winterreise* weht. Wirklich große Gedichte sind kein Spaß. Sie nerven. Sie verhandeln Existenz. Man kann das wahrlich nicht immer aushalten, aber zuweilen hilft es, allgemeine Lebenslügen gleich im ganzen Schock zu enttarnen. (Und hinterher haben wir dann freilich immer die nur zu menschliche und allzumenschliche Mühe, alle unsere windschiefen Paravents wieder aufzustellen.) Das machen wir aber hier heute nicht. Sondern wir ehren Wilhelm Müller, indem wir mal zeigen, dass auch wir zuweilen noch was vertragen können:

Mary Shelley's Doktor Frankenstein pflanzt in die Finsternis
von Lord Byron Herzstücke aus Müllers Winterreise

Ich hatte einen Traum, nicht nur ein Traum:
Erloschen war der Sonne Schein; die Sterne
Bewegten trüb sich durch den ewigen Raum,
Strahllos und pfadlos; und die eisige Erde
Trieb blind und schwarz durch mondesleere Luft.
Ich kann zu meiner Reisen
Nicht wählen mit der Zeit:
Muß selbst den Weg mir weisen
In dieser Dunkelheit.
Nur Furcht und Hoffen kannte noch die Welt.
Es wurden Wälder angezündet, doch
Bald fielen, schwanden sie; die Stümpfe krachten,
Und löschten zischend aus und schwarz war Alles.
Der Menschen Antlitz sah bei diesem Licht
Unheimlich aus, wenn stoßweis nur auf sie
Die Flamme fiel; und Einige lagen da,
Verhüllten sich und weinten; Andre ruhten

WILHELM BARTSCH

Das Kinn auf ihre Hand gestützt und lachten …
Auf einen Totenacker
Hat mich mein Weg gebracht.
Allhier will ich einkehren:
Hab ich bei mir gedacht.
Der Krieg der eine Zeit lang aufgehört,
Fraß sich von Neuem voll; ein Mahl ward nun
Mit Blut erkauft, und stumpf saß Jeder da
Und würgte dran im Dunkel. Keine Liebe
War mehr, die ganze Erde Ein Gedanke –
Und der war – Tod, ruhmloser, naher Tod!
Nun ist die Welt so trübe,
Der Weg gehüllt in Schnee.
Nur Zwei von einer Weltstadt blieben über,
Laß irre Hunde heulen – Vor ihres Herren Haus!
Sie waren Feinde, und sie trafen sich
Wo eine Menge heiliger Dinge war
Gehäuft, doch nicht zu heiligem Zweck; sie wühlten
Die schwache Asche auf und häuften sie
Mit kalter magrer Hand; ihr schwacher Atem
Blies etwas Leben an, schuf eine Flamme,
Die wie ein Spott war; dann erhoben sie
Das Auge, als es heller ward, und sahen
Ins Antlitz sich und starrten, kreischten – starben
An ihrer gegenseitigen Scheußlichkeit …
Mein Herz ist wie erfroren – Kalt starrt ihr Bild darin …
Die Bäche, Seee, Meere standen still;
Nichts regte sich in ihrer stummen Tiefe,
Die Schiffe lagen faulend, leer am Meer,
Die Masten fielen stückweis. Wie sie fielen
So schliefen sie am Grunde ohne Regung.
Die Wellen waren tot; Ebbe und Flut
Im Grab; ihr Herr, der Mond, starb vorher schon.
Die Winde waren in der faulen Luft
Verwelkt, die Wolken fort; die Finsternis

Hatte nichts nötig mehr – sie war das All!
Eine Straße muss ich gehen, die noch keiner ging: zurück.

Trösten Sie sich aber gegenüber diesen »Schrecken des Eises und der Finsternis« – die Römer haben z.B. gar nicht richtig gemerkt, dass ihr Reich überhaupt unterging. Nur im Jahr 406 hatten sie mal einen Verdacht in dieser Richtung. 406 fror nämlich der Rhein zu – jaja, schon damals galt: »Mit harter, starrer Rinde / Hast du dich überdeckt, / Liegst kalt und unbeweglich / Im Sande hingestreckt.« Und auf einmal kamen Hunderttausende Winterreisende übers Eis, vielleicht sogar die Vorfahren des erweiterten Teams Müller, Schubert & Byron. Der Weltuntergang wird also auch dauern, und wieder merkt dann wohl kaum einer was.

Aber mitten in all diesem schon leicht wehenden Lord-Byron-Grusel und wirklichen großen Schlamassel haben wir ja auch noch unseren *Lindenbaum* – so großartig ist dieser Gedichtkreis. Ich sage »unsern« – vielleicht ist er ja immer noch d a s Volkslied von uns Deutschen und hoffentlich auch noch für sehr lange!

Die Linde übrigens hat im Alter bekanntlich oft noch einiges drauf. Auf einmal blüht sie wieder. Sie kann nämlich Innenwurzeln bilden. Diese verankern sich im Boden von Sachsen-Anhalt zum Beispiel und bilden dann eine neue Krone. Etwas in dieser Art geschieht mit mir seit geraumer Zeit.

Ich bedanke mich beim Land Sachsen-Anhalt für den bestmöglichen Preis, der mich im Augenblick überhaupt erreichen kann, und da meine ich auch das viele Geld, das dranhängt – zum Begießen. Sie sagen, es sei dies für mein Lebenswerk. Ich darf vielleicht noch die kleine Korrektur hinzufügen – für die erste Hälfte meines Lebenswerks. Danke, lieber Peter, dass du mich in dem wahnwitzigen Stand einer alten Innenwurzellinde siehst! Und danke Ihnen allen fürs Zuhören!

ALBRECHT FRANKE   Das Recht auf alle Fragen
Jacques Derrida bei orange-press

Jacques Derrida (1930-2004), der Erfinder der »différance«, der »Dekonstruktion«, der »neumodischen Bindestrich-Schreibung« ist mit seinen Werken in den Verlagen präsent, in der Diskussion ist er gegenwärtig, hoch gelobt von den einen, als »Scharlatan« beschimpft von anderen. Der Freiburger Verlag *orange-press*, in dieser Gegend Deutschlands leider noch viel zu wenig bekannt, hat in seiner *absolute-Reihe* (Herausgeber: Klaus Theweleit) einen Band *absolute Jacques Derrida* ediert. Das Schöne an diesen Bänden (es gibt dort auch *absolute Max Weber, absolute Karl Marx, absolute Noam Chomsky* und viele andere) ist, dass sowohl derjenige fündig wird, der den Denker bereits kennt, und ebenso der, der erst noch Bekanntschaft schließen möchte. Und er findet sich obendrein noch gut unterhalten! Das verdankt sich dem Konzept der Reihe: Der Leser sieht sich in den Büchern konfrontiert mit den für die Gegenwart unverzichtbaren Diskursen, bereichert durch Biografie, Interview, Fotos, Illustrationen. Erfrischend ist allemal die Art und Weise der Präsentation. So auch im Derrida-Band: Interview wechselt mit (hervorragend geschriebener) Biografie und Texten Derridas, natürlich aus *Die Schrift und die Differenz*, und aus *Marx' Gespenster* und aus *Schurken*. Diese Auswahl drängt sich wahrscheinlich auf, nicht nur, weil es wohl die Texte Derridas sind, die die weiteste Verbreitung fanden, sondern weil sie auch den Weg des Philosophen zeigen, den »Dekonstruktivisten«, den Philosophen, der das Phänomen des Marxismus einer Kritik unterzieht, die sich nicht auf Ablehnung reduziert, den die Vokabel von den »Schurkenstaaten« die Frage nach der Geschichte der Vernunft stellen lässt.

Eine kluge »Mischung« kann man allen Bänden der *abolute-Reihe* attestieren. Im Derrida-Band scheint sie besonders gelungen zu sein, die Herausgeber (Stephan Moebius und Dietmar J. Wetzel) bringen sich nicht interpretierend ein, sondern sie führen mit ihren biografischen Essays den Leser durch die »Welt« des »Meisters der Dekonstruktion«. So muss man zwar seine Entdeckungen selbst machen, aber man wird sie machen, und sei es das „Wieder-Lesen" in einem neuen Zusammenhang.

Besonders gut eignet sich dieses Buch, um Bekanntschaft zu schließen, aber man kann mit ihm die Bekanntschaft auch vertiefen. Da es so ganz unakademisch daherkommt, die Fotos, die Zitate, ein Gedicht auch immer wieder den Menschen in den Blickpunkt rücken, kann man es getrost auch jungen Lesern empfehlen, nicht nur, weil Derrida auch einmal Fußballprofi werden wollte. Sondern weil Derrida Antworten gibt. Etwa in *Den Marxismus beschwören* aus *Marx' Gespenster*. Oder auf ganz Gegenwärtiges – gerade der Terrorismus und der Umgang damit, eines unserer allgegenwärtigen Gesprächsthemen, hat ihn sehr beschäftigt. Und da geht es um mehr als Abschusserlaubnis und Auslandseinsatz. So sagte er in seiner Dankesrede anlässlich der Verleihung des Theodor-W.-Adorno-Preises im Jahre 2001: »Mein unbedingtes Mitgefühl, das den Opfern des 11. September gilt, hindert mich nicht es auszusprechen: Ich glaube angesichts dieses Verbrechens an die politische Unschuld von niemandem.«

Der Freiburger Verlag hat sich mit der Derrida-Edition zu einem neuen, attraktiven Design entschlossen, einem durchgängig zweifarbigen Druck, der die Orientierung sehr erleichtert. Auch der Verzicht auf die »Schweizer Broschur« (die nicht nach jedermanns Geschmack ist) dürfte die äußerliche Attraktivität der Reihe erhöhen: Man hat jetzt ein Buch in handlichem Format, es passt nun noch viel besser zu seinem anregenden, oft auch spannenden Inhalt.

Man kann erleben, dass Philosophie und der Umgang damit, das Eintauchen in den lebendigen Diskurs der Gegenwart, Sinne und Denken schärft, das eigene Erleben und die Geschehnisse in der Welt besser zu verstehen hilft. Die Bücher von *orange-press* und die Derrida-Edition gehören zu solchen »Denk-Schärfern«, und zwar in dem Sinne der Worte, die Derrida im Frühjahr 2004, schon schwer krank, einem Interviewer sagte: »Man hat das Recht, alle Fragen zu stellen.«

Stephan Moebius und Dietmar J. Wetzel (Hrsg.), *absolute Jacques Derrida*, Freiburg: orange-press 2005, 18 Euro

HEINZ KRUSCHEL   Er ließ gelten, und er galt selber viel
Zum Tod von Otto Fuhlrott

Nach kurzer schwerer Krankheit verstarb am 17. November der Literaturwissenschaftler Otto Fuhlrott im Alter von 87 Jahren. Er war hellwach bis an sein Lebensende, und er wird vielleicht schöne Gedanken gehabt und die Mitte nie verloren haben: der charismatische Nestor geachteter Literaturvereine, der stets Menschen brauchte, fordernd und fördernd, freundlich und moderat. Ich kann mir gar nicht vorstellen, wie es sein wird, ohne ihn leben zu müssen, war ich doch schon als Student in seiner Nähe, schon vor fünfzig Jahren, als er mit dem Fahrrad von Magdeburg nach Bernburg kam. Er war gut vorbereitet und setzte auf Widerspruch seiner Studenten, die schon »Neulehrer« waren. Und kam dieser endlich, folgte garantiert der Disput. Er ließ gelten und galt darum immer selber viel. Das ist bis zu seinem Lebensende so geblieben. Ich blieb nicht lange in der Volksbildung, traf traf ihn aber oft, und immer redeten wir miteinander. Er las meine Bücher, sagte seine Meinung, kurzum: Auch wenn wir wenig Zeit füreinander hatten, waren wir uns nah. Eines Tages eröffneten wir eine Lesewoche mit ausländischen Kollegen. Ich kündete ihn an und nannte ihn Nestor, was ihn verwunderte, obwohl er das Alter längst hatte und die Weisheit und die Beredsamkeit auch, erst recht den klugen Rat eines griechischen Gelehrten, der aus reicher Lebenserfahrung heraus handeln konnte. Er las immer, machte Vorschläge, wurde geachtet, und viele werden ihn in Erinnerung behalten. Der Professor mit dem dünnen weißen Haar, das immer ein bisschen wehte, wenn er die wohlgerundeten Sätze sprach, die lang waren, aber ins Schwarze trafen. Ich kenne das Motto seines Lebens nicht, könnte mir aber vorstellen, es lautete: »Ein Augenblick der Geduld kann vor großem Unheil bewahren, ein Augenblick der Ungeduld ein ganzes Leben zerstören.« Das muss man nicht kommentieren, Professor Dr. Otto Fuhlrott. Er schrieb Anekdoten und Sagen, las vor Schülern und diskutierte mit Lehrern und Schriftstellern. Er hatte mein erstes Buch rezensiert und war anwesend, als mein erster Film Premiere hatte, und er war der erste Besucher, nachdem sie mich ins Krankenhaus gebracht hatten. Er wusste, dass eine Freude viele Sorgen vertreiben kann. Danach hat er gelebt. Schon längst hätte er sich ausruhen können. Aber er war ruhelos. Man wartete ja auf ihn. Und das stimmt auch. Wer die Welt aufräumen will, braucht viele Leben. Nun dreht sie sich ohne ihn weiter. Seine Botschaft haben wir aufgenommen. Sie lebt in uns.

Autoren

WILHELM BARTSCH, * 1950 in Eberswalde, lebt in Halle und Rohna, nach Ausbildung zum Rinderzüchter, Studium der Philosophie und diversen Tätigkeiten seit 1986 freier Autor in Halle. Für sein umfangreiches Werk, zuletzt: *Geisterbahn*, Dößel 2005, *Strich und Faden*, Halle 2007, erhielt er am 13. Oktober 2007 den Wilhelm-Müller-Preis des Landes Sachsen-Anhalt.

JULIANE BLECH, * 1975 in Halle (Saale), lebt dort als freie Autorin. Für ihre Stücke wurde sie mehrfach mit Stipendien bedacht, ihre Gedichte erscheinen u.a. im *Jahrbuch der Lyrik*.

DANIELA DANZ, * 1976 in Eisenach, lebt als freie Autorin und Kunsthistorikerin in Halle. Studium der Kunstgeschichte und Germanistik an diversen Orten, für ihre Bücher *Serimunt*, Weimar 2004, und *Türmer*, Göttingen 2006 wurde sie mehrfach ausgezeichnet.

CARL-CHRISTIAN ELZE, * 1974 in Berlin, lebt in Leipzig. Studium der Biologie und Germanistik, Arbeit und Praktika in zoologischen Gärten, seit 2004 Student am Leipziger Literaturinstitut. Redakteur und Mitherausgeber von *plumbum*. Für seine literarischen Arbeiten: /*greenbox*/, Hörbuch, Leipzig 2005, *stadt/land/stopp*, Gedichte, Halle 2006, erhielt er u.a. den Debütpreis des *Poetenladen* 2005 und den Irseer Pegasus 2006.

STEFAN FEIGE, * 1962 in Salzwedel, lebt in Magdeburg, Berufsausbildung in Gardelegen, Studium der Physik in Leipzig, arbeitet in einem Rechenzentrum, neben mehreren Publikationen im Software-Bereich seit 2001 verstärkte Beschäftigung mit Prosa.

HELENA HANUS, * 1982 in Lutherstadt Wittenberg, lebt in Halle, studierte Germanistik und Philosophie. Organisiert und leitet die Lesereihe *Halle im Untergrund* im Szene-Club *Black Angel*.

CHRISTINE HOBA, * 1961 in Magdeburg, lebt in Halle. Studium der Chemie, Ausbildung zur Buchhändlerin, Tätigkeit in einer wissenschaftlichen Zweigbibliothek der hallenschen ULB. Jüngste Bücher: *Im Lufthaus*, Gedichte, Halle 2005, *Die Abwesenheit*, Roman, ebd. 2006.

NANCY HÜNGER, * 1981, lebt und arbeitet in Erfurt. Nach einem abgeschlossenen Kunst-Studium ist sie heute als Autorin, bildende Künstlerin und Filmemacherin tätig. 2006 erschien ihr lyrisches Debüt *Aus blassen Fasern Wirklichkeit* in der Dresdner Edition Azur.

DIANA KOKOT, * 1955 in Salzwedel, lebt in Osterburg (Altmark). Journalistik-Studium in Leipzig, Tätigkeit als Redakteurin, in der Öffentlichkeits- und Jugendarbeit, Kulturpreis der Stadt Osterburg 2002 (mit den *Federfüchsen*). *An einem Sonntag ohne Zifferblatt*, Gedichte, Oschersleben 2003, *Im Innern der Sanduhr*, Erzählungen, Niegripp 2007.

SASCHA KOKOT, * 1982 in Osterburg, lebt in Leipzig. Nach Aufenthalten in Berlin und Australien studiert er heute am Leipziger Literaturinstitut. Erstes Sonneck-Stipendium 2007.

VINCENZ KOKOT lebt in Berlin, Mitglied der 'Free-Pop'-Independentband *Polaroid Liquide*.

CHRISTIAN KREIS, * 1977 in Bernburg, lebt in Halle. Nach dem Studium der Soziologie und Politikwissenschaft (Magister artium 2005) seit Herbst 2006 Student am Literaturinstitut in Leipzig. Walter-Bauer-Stipendium 2006. Der erste Gedichtband erscheint Ende 2007.

THOMAS KUNST, * 1964 in Stralsund, lebt in Leipzig. Seit 1987 Bibliotheksassistent an der Deutschen Bücherei. Für sein umfängliches Werk – Romane, Gedichte, Hörbuch- und Musik-Produktionen – wurde er u.a. mit dem Dresdner Lyrikpreis und dem F.-C.-Weiskopf-Preis der Akademie der Künste Berlin ausgezeichnet. Zuletzt erschienen der Gedichtband *Was wäre ich am Fenster ohne Wale*, Frankfurt am Main 2005 und der Roman *Sonntage ohne Unterschrift*, Köln 2005.

JULIANE LIEBERT, * 1987 in Halle, lebt dort. Besucht das Gymnasium und bereitet sich derzeit auf das Abitur vor.

MARCO ORGANO, * 1980 in Merseburg, lebt in Halle, Studium der Germanistik und Philosophie bis 2007, Mitarbeit bei Theaterprojekten, Übersetzungen.

THOMAS RACKWITZ, * 1981 in Halle (Saale), lebt in Gröbers und studiert an der Martin-Luther-Universität in Halle. 2006 gab er die Anthologie *Das Mädchen aus dem Wald* im Lerato-Verlag heraus. Im Oktober 2007 erschien sein erster Gedichtband mit dem Titel *von wegen / abgedriftet*. Jugendkulturpreis des Landes Sachsen-Anhalt 2006.

ANDRÉ SCHINKEL, * 1972 in Eilenburg, lebt in Halle. Ausbildung zum Rinderzüchter mit Abitur, Studium der Germanistik und Archäologie. Für seine Arbeit, zuletzt *Unwetterwarnung*, Ranis

2007, und *Löwenpanneau*, Halle 2007, wurde er wiederholt ausgezeichnet.

STEPHAN SEIDEL, * 1983 in Halle, lebt in Frankfurt am Main. Tätigkeit als Regisseur und Regiehospitant, nach dem Studium der Literatur und Philosophie studiert er heute an der Frankfurter Hochschule für Musik und darstellende Kunst Regie.

MICHAEL SPYRA, * 1983 in Aschersleben, lebt in Halle, Studium an der halleschen Uni seit 2004, Veröffentlichungen in Zeitschriften und Anthologien.

PETER WINZER, * 1959 in Halle (Saale), lebt dort. Mitte der achtziger Jahre gab er mit Matthias Baader Holst die Untergrundzeitschrift *Galeere* heraus, die nach drei Ausgaben verboten wurde. Nach diversen Tätigkeiten arbeitet er heute als diplomierter Sozialpädagoge. Lyrikbände: *Spieler*, Dößel 2003, *Die Sinnlichkeit des Barbaren*, Halle 2007.

MARIO WIRZ, * 1956 in Marburg/Lahn, lebt in Berlin, Ausbildung zum und Arbeit als Schauspieler, seit 1988 als freier Autor tätig. Lyrik, Prosa, Theaterstücke. Für seine Bücher, die im Aufbau-Verlag Berlin erscheinen, zuletzt der Gedichtband *Sturm vor der Stille* (2006), wurde er u.a. mit dem Förderpreis des Landes Brandenburg geehrt.

ZU DIESEM HEFT

Die besondere Gestaltung von *oda 4-07* lag in den Händen von Stephanie König, Hanne Kujath und Christine Pilkenroth. Die Künstlerinnen studieren in der Illustratoren-Kurs von Frau Professorin Nina Pagalies an der halleschen Hochschule für Kunst und Design Burg Giebichenstein. Der Zusammenarbeit ging eine intensive Vorbereitung voraus, bei der den Illustratorinnen sowohl Bezugnahmen auf die Texte des Heftes als auch freie Assoziationen zur Gesamterscheinung der Ausgabe ermöglicht wurden. Das Ergebnis soll den Auftakt für eine fortgesetzte Zusammenarbeit mit jungen Künstlern aus Sachsen-Anhalt setzen. Den Gestalterinnen und Frau Pagalies gilt ein herzlicher Dank für den Einstand!

Impressum

Die Deutsche Bibliothek – cip-Einheitsaufnahme
Ort der Augen / Blätter für Literatur. Herausgeg. vom Friedrich-
Bödecker-Kreis in Sachsen-Anhalt e.V. Oschersleben, Ziethen 2007
ISBN 13 978-3-938380-70-3

Ort der Augen, die Literaturzeitschrift Sachsen-Anhalts, erscheint
mit freundlicher Unterstützung des Kultusministeriums des Landes
Sachsen-Anhalt. *Redakteur:* André Schinkel. *Redaktioneller Beirat:*
Wilhelm Bartsch, Hans Georg Bulla, Peter Gosse, Torsten Olle,
Richard Pietraß, Simone Trieder.

Herausgeber
Friedrich-Bödecker-Kreis in Sachsen-Anhalt e.V.
Geschäftsführer: Jürgen Jankofsky
Forellenweg 5, 39291 Möser
email fbk-Kontakt@t-online.de
www.fbk-pelikan.de und www.literatur-lsa.de

Herstellung und Vertrieb
dr. ziethen verlag
Friedrichstraße 15a, 39387 Oschersleben
Telefon 039 49.43 96, Fax 039 49.500100
email info@dr-ziethen-verlag.de
www.dr-ziethen-verlag.de

Satz & Layout dr. ziethen verlag nach einem Gestaltungskonzept von
Manja Hellpap, Halle/Berlin. *Druck* Druckerei Gemi. Gedruckt auf
umweltfreundlich gebleichtem Papier. *Erscheinungsweise* Vier Ausgaben
jährlich. *Bezugsweise* Jahresabonnement 19,50 Euro (Deutschland
inkl. Versandkosten) oder über ausgewählte Buchhandlungen.
Abonnement-Kündigungen sind branchenüblich nur zum Jahresschluss
möglich.

*Unverlangten Manuskript- und Grafikeinsendungen (nach Möglichkeit
Papierausdruck und Datei auf Diskette oder als Attachment per email) bitte
Rückporto beifügen (Kommentierung ausgeschlossen), aus dem Ausland
internationale Antwortgutscheine.*

© bei den Autoren
Auflage 1000
ISBN 13 978-3-938380-70-3
ISSN 1863-1444
Einzelpreis: 4,90 Euro
Der Umschlag wurde unter Verwendung der Arbeit *und der silberne hund knurrte. I*
von Stephanie König gestaltet.